Lieblings-plätze

WEINVIERTEL

Lieblings-plätze

WEINVIERTEL

GMEINER

GABRIELE DIENSTL

Autor und Verlag haben alle Informationen geprüft. Gleichwohl wissen wir, dass sich Gegebenheiten im Verlauf der Zeit ändern, daher erfolgen alle Angaben ohne Gewähr. Sollten Sie Feedback haben, bitte schreiben Sie uns! Über Ihre Rückmeldung zum Buch freuen sich Autor und Verlag: lieblingsplaetze@gmeiner-verlag.de

Sofern nicht im Folgenden gelistet, stammen alle Bilder von Gabriele Dienstl: Etschi Bruckner 10, 120, 132, 134, 136, 140; Dieter Tatzer / topshot.co.at 18; Weinviertel Tourismus Agnes Hiller 20; Fossilienwelt/Kramberger 22; Eisenbahnmuseum Strasshof 32; Astrid Knie / Schloss Schönbrunn 40; WWF Österreich Michael Stelzhammer 42; Hannes Bauch 60; Markus Freudhofmaier 68; Rupert Steiner / nitsch museum 74; Josef Schimmer 76; Stefan Hiller 108; Brauküche 35 122; NP Thayatal, Dieter Manhart 144; Grafenegg/Alexander Malik 2007 154; LPSM/Josef Stefan 156; Internationale Ignaz Joseph Pleyel-Gesellschaft 158; Andreas Jakwerth 160; Martin Schmit 162

QR-Code einscannen und kostenloses E-Book anfordern.

Besuchen Sie uns im Internet:
www.gmeiner-verlag.de

3. Auflage 2020

Im Ehnried 5, 88605 Meßkirch
Telefon 07575/2095-0
info@gmeiner-verlag.de

Lektorat/Redaktion: Anja Kästle
Herstellung: Julia Franze
Umschlaggestaltung: Benjamin Arnold
unter Verwendung der Illustrationen von © yurkaimmortal – stock.adobe.com; © Benjamin Arnold; © ratkom – stock.adobe.com; © VRD – stock.adobe.com; © SimpLine – stock.adobe.com; © nicknik93759375 – stock.adobe.com; © lapencia – stock.adobe.com; © scusi – stock.adobe.com; © paullouis – stock.adobe.com; © Katrin Lahmer
Kartendesign: © Maps4News.com/HERE
Druck: AZ Druck und Datentechnik GmbH, Kempten
Printed in Germany
ISBN 978-3-8392-2545-5

Marterl bei Fallbach,
im Hintergrund Burgruine Staatz

1

Elisabethhöhe
Startpunkt für die kürzeste
Tour: Parkplatz Gamshöhe
Gamshöhe 1
A-2102 Bisamberg

Nähere Informationen:
Gemeindeamt Bisamberg
Hauptstraße 2
A-2102 Bisamberg
+43 (0)2262 62000
www.bisamberg.at

AUF AUGENHÖHE MIT SISSI

Elisabethhöhe

Wir beginnen unsere Reise durch das wunderbare Weinviertel auf einem Berg und lassen den Blick über dieses idyllische Gebiet schweifen. Beste Aussichten eröffnen sich vom Bisamberg aus, der mit seinen 358 Metern an der Grenze zwischen Wien und dem niederösterreichischen Weinviertel liegt und zu dessen Füßen die schöne blaue Donau fließt.

Die höchste Erhebung des Bisambergs ist die Elisabethhöhe. Deren Namensgeberin Kaiserin Elisabeth ist nicht nur als bayrische Prinzessin Sissi durch Filme mit Romy Schneider verewigt, sondern auch durch eine Gedenksäule auf eben dieser Bergkuppe. 1899, ein Jahr nach dem Tod der Monarchin, wurde es von den Frauen »Korneuburgs und Umgebung« gestiftet und erinnert an einen Ausflug der gertenschlanken Sissi auf diese Anhöhe. Damals wie heute bildet der Aussichtspunkt bei diesem Denkmal ein beliebtes Wanderziel.

Der Bisamberg zählt geologisch zu den Alpen, im Bereich der sogenannten Wiener Pforte trennt ihn die vielbesungene Donau vom Wienerwald. Als strategischer Stützpunkt war dieser Berg jahrhundertelang bedeutend, Reste von Verteidigungsschanzen zeugen noch davon. Mit seinem teils pannonischen Klima ist er Lebensraum für eine außergewöhnliche Artenvielfalt bei Tieren und Pflanzen und steht deshalb unter Naturschutz. Auf mehreren Schautafeln, auch auf der Elisabethhöhe, sind botanische Besonderheiten erklärt. Die Aussicht vom Bisamberg ist an vielen Punkten grandios und reicht tief in das Weinviertel hinein sowie über Wien bis zu den Alpen und Kleinen Karpaten. Ein gut beschildertes Wandernetz lässt Aufstiege von den malerischen Heurigenorten rund um den Berg zum Genuss werden. Mit dem Auto kann man vom gleichnamigen Ort Bisamberg bis zum Parkplatz Gamshöhe fahren und von dort aus schon in wenigen Minuten zum Zielpunkt gelangen.

Das Wandernetz auf dem Bisamberg ist weitläufig, tolle Naturspielplätze auf der Elisabethhöhe und Falkenhöhe machen ihn zu einem idealen Familienausflugsziel.

2

Rattenfängerbrunnen
Hauptplatz
A-2100 Korneuburg
www.sagen.at

Rathaus
Stadtgemeinde
Korneuburg
Hauptplatz 39
A-2100 Korneuburg
+43 (0)2262 7700
www.korneuburg.gv.at

BETÖRENDE FLÖTENKLÄNGE

Rattenfängerbrunnen und Rathaus

Ein hoher Brunnen aus weißem Stein prangt mitten auf dem Hauptplatz. Ganz oben befindet sich die Figur eines mittelalterlich gekleideten Mannes mit einer goldenen Flöte. Sie erinnert an eine Sage aus früheren Zeiten, in welcher die reiche Handelsstadt Korneuburg von einer verheerenden Rattenplage heimgesucht wurde. Rettung versprach damals ein Fremder: Er spielte auf seiner Flöte und die lästigen Nagetiere folgten seinen Klängen bis zur Donau, wo sie ertranken. Die Stadtherren wollten aber den versprochenen Lohn nicht bezahlen, weshalb der Rattenfänger im Jahr darauf mit einer anderen, größeren Flöte die Menschen bezauberte. Diesmal liefen alle Kinder mit ihm bis zum Fluss, bestiegen ein Boot und fuhren mit dem Unbekannten davon.

Heute tummelt sich wieder junges Volk auf dem Hauptplatz, der architektonisch hierzulande eine Besonderheit darstellt. Er weist die Form eines typisch schlesischen Ringplatzes auf, bei dem ein großer rechteckiger Platz um das mittige Rathaus und eine kleine Häusergruppe liegt. Die angrenzenden Patriziergebäude zeugen vom Wohlstand der Kaufmänner und vermitteln ein besonderes Ambiente.

Das Wahrzeichen der Stadt ist das neugotische Rathaus. Mit seinem auffallend gemusterten Dach und dem mittelalterlichen Turm sticht es schon von weitem aus dem Häusermeer heraus. Blickfänge an der Südfront über dem Balkon sind die prächtigen Standbilder, die Kaiser Franz Josef I. und Herzog Albrecht I. zeigen. Innen beeindruckt das Foyer mit einem imposanten Treppenaufgang sowie mit einer außergewöhnlichen Wappendecke – die Wahrzeichen bürgerlicher Familien des 15. und 16. Jahrhunderts sind hier verewigt. Vom Turm aus konnten die Wachtposten einst feindliche Angriffe oder Brände gut erkennen, heute ist er von Ostern bis Allerheiligen frei zugänglich.

Der Korneuburger Hauptplatz wird dienstag- und freitagvormittags zum Marktplatz, wo Sie in das geschäftige Treiben eintauchen oder in einem der Terrassencafés entspannt zuschauen können.

3

Rollfähre
Korneuburger Ufer
Donaulände 3
A-2100 Korneuburg
+43 (0)664 2155443
www.donaurollfaehre.at

Restaurant Tuttendörfl
Tuttendörfl 6
A-2100 Korneuburg
+43 (0)2262 72485
www.tuttendoerfl.com

AUF ZU NEUEN UFERN

Rollfähre am Korneuburger Donau-Ufer

Manche Erfindungen haben ein derart genial einfaches Prinzip, dass davon auch nicht technikaffine Menschen schwer beeindruckt sind. Ein Beispiel dafür ist eine Rollfähre. Sie überquert Flüsse von Ufer zu Ufer und kommt dabei völlig ohne Treibstoff aus.

Diese Meisterleistung der Ingenieurskunst können Sie an der Donau bei Korneuburg bewundern. Das schwimmende Transportmittel verkehrt nur mit Hilfe eines kräftigen Seiles und der Strömung hin und her. Jetzt wird es sogar für Physikmuffel spannend: Damit die Fähre den Fluss überquert, müssen zwei Kräfte zusammenspielen. Die eine wirkt durch das über den Fluss gespannte Stahlseil, an dem die Fähre beweglich angehängt ist. Dadurch wird verhindert, dass der Lastkahn mit Mann und Maus Richtung Wien abtreibt. Wenn der Kapitän nun das Gefährt durch Rudersteuerung schräg zur Strömung stellt, ermöglicht die Flussgeschwindigkeit als zweite Kraft das Übersetzen auf die andere Seite. Sogar das Tempo kann durch das Schrägstellen der Ruder beeinflusst werden. Die Naturgesetze sind zwar ein Garant für das immerwährende Funktionieren dieses Transportmittels, dennoch geben Außenbordmotoren die nötige Sicherheit für etwaige Notfälle.

Genug der Theorie, warum nicht einen Praxistest durchführen? Hier werden Fußgänger und Radfahrer ebenso verschifft wie Motorräder, Autos, Wohnwagen oder Traktoren. Auf der gegenüberliegenden Seite haben Sie zwar das schöne Weinviertel kurz verlassen, können aber einen Blick wie aus dem Bilderbuch darauf genießen und bei günstigem Wasserstand an einem kleinen Strand die Füße in die Donau tauchen.

Falls Ihnen viele Pedalritter entlang des Flusses auffallen, nicht wundern: Hier führt der rund 2.850 Kilometer lange Donauradweg vorbei, einer der beliebtesten Fernradwege Europas.

Das Restaurant Tuttendörfl verwöhnt seine Gäste mit gehobener Küche und wunderbaren Blicken auf die Donau. Am Golfplatz nebenan können Sie abschlagen oder eine Schnupperstunde buchen.

4

Adlerwarte Kreuzenstein
Kreuzensteiner Straße
A-2100 Leobendorf
+43 (0)664 8998325
www.adlerwarte-kreuzenstein.at

Burg Kreuzenstein
Kreuzensteiner Straße
A-2100 Leobendorf
+43 (0)664 1632700
www.kreuzenstein.com

SCHARFES AUGE, FESTER GRIFF

Adlerwarte Kreuzenstein

Die Faszination für Greifvögel, die Könige der Lüfte, ist seit Menschengedenken ungebrochen. Bei einem Besuch der Adlerwarte Kreuzenstein kann man die edlen Tiere aus der Nähe betrachten und ihre außergewöhnlichen Fähigkeiten bewundern. Große Volieren dieser Vogelstation bieten bei einem Rundgang detailreiche Blicke auf Seeadler, Geier, Wüstenbussarde oder Falken. Gebogene Schnäbel, scharfe Krallen und weite Schwingen wirken beeindruckend und furchterregend zugleich auf Jung und Alt. Informationstafeln erläutern zusätzlich Wissenswertes über Herkunft und Lebensweise der verschiedenen Arten.

Bei einer Flugvorführung zeigen ausgebildete Falkner die Ergebnisse ihres jahrelangen Trainings mit den intelligenten Greifvögeln. Ein besonders tiefes Vertrauensverhältnis zwischen Mensch und Tier wird gerade in der Falknerei eindrucksvoll erkennbar. Diese historische Jagdmethode ist etwa 3.000 bis 4.000 Jahre alt und entstand in den Steppen Asiens. Heute können Besucher auf einer Tribüne hautnah das Flügelrauschen über ihren Köpfen hinweg miterleben und außerdem feststellen, dass Eulen hingegen völlig lautlos fliegen. Die Erklärungen während der Schau über das Jagdverhalten und die Eigenheiten jeder vorgeführten Spezies sorgen für Staunen und Begeisterung, doch so manch erhabener Riesenflieger wird am Boden zu einem etwas tollpatschigen Sympathieträger. Für Freunde der Fotografie ergeben sich spannende Motive bei den waghalsigen Manövern der Flugkünstler.

Eine ideale Kulisse gibt die Burg Kreuzenstein ab, welche gleich nebenan imposant thront. Nach völliger Zerstörung ist ihr Wiederaufbau ab 1874 einer schillernden Persönlichkeit zu verdanken: Der gräfliche Kunstmäzen und Polarforscher Johann Nepomuk Wilczek hat hier viele seiner Träume verwirklicht.

Die Besichtigung der Burg Kreuzenstein ist nur mit Führung möglich. Dabei erfährt man Kurioses über die historischen Originalbauteile, die für die Errichtung aus ganz Europa zusammengetragen wurden.

5

Tafeln im Weinviertel
wird an rund 30 Plätzen angeboten
Etwa in der Riede Satzen
Am Kirchenweg 3
A-2100 Stetten

Weitere Informationen:
Weinviertel Tourismus
Wiener Straße 1
A-2170 Poysdorf
+43 (0)2552 3515
www.weinviertel.at

DAS LEBEN FEIERN

Tafeln im Weinviertel in der Riede Satzen

Die festlich gedeckte weiße Tafel unter freiem Himmel an den schönsten Plätzen im Weinviertel ist mittlerweile zu einem unverwechselbaren Symbolbild für stimmungsvollen Genuss in dieser Region geworden. Das großartige Konzept begeistert die Gäste, und das Angebot in den Sommermonaten von *Tafeln im Weinviertel* erweitert sich laufend. Jede der Veranstaltungen ist einmalig, denn in einer Saison wechseln die Schauplätze bei den einzelnen Events immer wieder.

Die großartige Kulisse ist einer der Hauptakteure des Abends, auch hier in den Weinbergen der Riede Satzen. Je nach Ort des Geschehens bietet sie weite Blicke über hügelige Weinfelder, bedient sich ehrwürdiger Innenhöfe von Gutshäusern und Schlössern oder lässt markante Kellergassen den lukullischen Tisch umrahmen. Der Sonnenuntergang veredelt das Ambiente mit mildem Licht und der Sternenhimmel krönt das unvergessliche Erlebnis dieses lauen Sommerabends. Sobald die Gäste auf den weiß bezogenen Stühlen Platz genommen haben, werden sie für die nächsten Stunden die stimmungsvolle Szenerie der Umgebung und edle Köstlichkeiten genießen dürfen. Weinviertler Spitzenköche bereiten ein Fünf-Gänge-Menü zu und kredenzen dabei kreative Interpretationen von Traditionsrezepten aus hiesigen Zutaten. Erstklassige Weine aus dem Umland runden das Essen ab, von fruchtig-frischen jungen Tropfen bis zu gehaltvollen Weinen. Diese Vergnüglichkeit wird zur bleibenden Erinnerung für Gaumen, Augen und auch Ohren, denn eine regionaltypische musikalische Begleitung gehört zum *Tafeln im Weinviertel* ebenso dazu wie das Bangen um gutes Wetter. Eine alternative Lokation in geschlossenen Räumlichkeiten steht für den Fall der Fälle jedenfalls bereit. Erheben Sie nun das Glas und stoßen Sie in netter Gesellschaft an einem herrlichen Fleckchen Erde auf die Schätze von Mutter Natur an.

Tafeln im Weinviertel kann auch zusammen mit einer oder mehreren Übernachtungen gebucht werden. Ein wunderbarer Anlass, um noch weitere besondere Erlebnisse in dieser Region zu genießen.

6

Fossilienwelt
Austernplatz 1
A-2100 Stetten
+43 (0)2262 62409
www.fossilienwelt.at

DAS VERSCHWUNDENE MEER

Fossilienwelt

Vor 17 Millionen Jahren wogte ein tropisches Meer über weite Teile des Weinviertels, in den warmen Buchten lebte eine artenreiche Tierwelt und Mangrovenbäume säumten die Ufer. Dieses Paradies aus vergangenen Zeiten ist verschwunden, aber eine einzigartige archäologische Fundstelle lässt dessen damaligen Ausmaße erahnen. Vor wenigen Jahren wurde im Korneuburger Becken bei Stetten das weltweit größte fossile Austernriff mit rund 15.000 Riesenaustern freigelegt.

Diese enorme Ansammlung an versteinerten Muschelschalen hat sich vermutlich im Zuge einer gewaltigen Naturkatastrophe gebildet, wie in einer Multimediashow der Fossilienwelt eindrucksvoll dargestellt wird. Die gigantischen Überreste der größten jemals existierenden Austern sind teilweise über einen Meter lang und kommen heute nirgendwo sonst mehr auf unserer Erde vor. Im Zuge der umfangreichsten paläontologischen Grabung Österreichs wurde dieses Riff freigelegt und mit einer 600 Quadratmeter großen Halle überdacht, die im Rahmen von Führungen besichtigt werden kann.

Der 2009 eröffnete Themenpark ist vor allem für Kinder ein aufregendes Erlebnis, das gleich nach dem Eintritt auf einem tollen Spielplatz ausgekostet werden will. Im Freigelände warten übergroße Modelle der einstigen Meeresbewohner und die Entwicklung der gesamten Erdgeschichte vom Urknall über die Dinosaurier bis zu uns Menschen ist eindrucksvoll an einem langen Zeitstrahl abzulesen. Der weithin sichtbare orangefarbene Aussichtsturm in Form einer Turmschnecke erfreut mit wunderbaren Ausblicken in alle Himmelsrichtungen. Ihren Forscherdrang können Kinder in der Sandbucht ausleben und dort nach Herzenslust buddeln und sieben. Die entdeckten Haifischzähne und andere Schätze dürfen mit nach Hause genommen werden.

Mit der 3D-Urmeer-App für das Smartphone werden zusätzlich spannende virtuelle Erlebnisse angeboten. Die benötigte 3D-Brille kann man kostenlos beim Empfang ausborgen.

7

my way
Kirchenweg
A-2102 Hagenbrunn
www.myway.org

Weitere Informationen:
Gemeindeamt Hagenbrunn
Salzstraße 10
A-2102 Hagenbrunn
+43 (0)2262 6722670
www.hagenbrunn.gv.at

VOM ANFANG BIS ZUM ENDE

Kunstweg *my way*

Sieben Kunstwerke auf etwa 800 Metern Wegeslänge bilden ein begehbares und begreifbares Miniaturformat des eigenen Daseins. In einer meditativen Wanderung können alle Phasen der menschlichen Entwicklung durchschritten werden, das Innehalten und Reflektieren an den einzelnen Stationen wird durch impulsgebende Skulpturen entfacht. Bildhauer aus Österreich, Deutschland, Frankreich, Italien, USA und Japan haben hier in ihrer Formensprache den jeweiligen Entfaltungsschritten des Lebens Ausdruck gegeben.

Die kleine, doch bedeutungsvolle Reise durch die Stationen des eigenen Werdeganges beginnt bei der Kunstinstallation zur Geburt. Durch einen Gang aus weißen Steinwänden treten wir voll Neugier oder vielleicht auch ein wenig zögerlich auf den Weg. Es folgt die Kindheit, verwoben mit unserem Familienstammbaum kann aus geschützter Umgebung spielerisch Neues entdeckt werden. Sie wird Schritt für Schritt vom Wandel zum jungen Erwachsenen abgelöst, welcher mit vielen Entscheidungen verbunden ist und erste Sinnfragen aufwirft. Weiterführend stellen Objekte das Feuer der Liebe und die Fülle des Familienlebens dar. Je nach Alter der Betrachter werden auch zukünftige Lebensabschnitte ins Bewusstsein gerückt. Es kündigen sich die letzten Jahre mit ihren Einsichten und Weisheiten an, verbunden mit der Akzeptanz, dass unsere Tage nicht wiederholbar sind und jeder Weg ein Ende hat.

Die *my way*-Stiftung hat internationale Persönlichkeiten für ihre außergewöhnlichen Leistungen und Errungenschaften im humanitären und gesellschaftspolitischen Bereich geehrt. Die Namen der Preisträger wie Karlheinz Böhm, Jane Goodall oder Nelson Mandela sind hier verewigt und stehen als Anregung für die Besucher, über die persönlichen Ziele und Werte nachzudenken.

Wenn Sie weiter zu Fuß unterwegs sein wollen, bietet sich der Weinwanderweg mit Ausgangspunkt vor dem Gemeindehaus an. Danach könnten Sie in einem der netten Heurigenlokale des Weinortes einkehren.

8

Skulptur Don Quijote
Vor dem Schloss
Wolkersdorf
Schlossplatz 2
A-2120 Wolkersdorf

Weitere Informationen:
Stadtgemeinde
Wolkersdorf
Hauptstraße 28
A-2120 Wolkersdorf
+43 (0)2245 24010
www.wolkersdorf.at

DER WEITGEREISTE »ROSTIGE«

Skulptur Don Quijote vor dem Schloss Wolkersdorf

Wer aufmerksamen Auges durch das hübsche Städtchen Wolkersdorf schlendert, findet nicht nur wunderschöne historische Gebäude vor, sondern auch kraftvolle und teils skurrile Skulpturen aus Alteisen. Eine davon, Don Quijote auf dem Pferd mit seiner Lanze, hat bereits Abenteuerliches hinter sich. Gemeinsam mit weiteren rostigen Gesellen ist die Figur schon weit herumgekommen: In einer Art »rollenden Galerie« wurden sie mit einem Sonderzug der Österreichischen Bundesbahnen durch das Land kutschiert. Dabei ging es durch die niederösterreichischen Gefilde bis ins Burgenland und in die Steiermark zu verschiedenen Empfängen. Sogar in Prag postierte er sich vor der österreichischen Botschaft und machte auch der deutschen Stadt Leipzig seine Aufwartung. Nun ist er wieder in seinem Heimatort Wolkersdorf angekommen und hat einen ehrenvollen Platz vor dem Schloss bezogen.

Diese ehemalige Wasserburg wurde 1178 urkundlich erstmals erwähnt. Nach wechselndem Besitz ließ Kaiser Karl VI. im Jahr 1706 den Herrschaftssitz im Barockstil umbauen und hielt sich gerne hier auf, weil er den nahen Hochleithenwald als Jagdgebiet sehr schätzte. 1809 verlegte Kaiser Napoleon I. nach der Schlacht von Wagram für einige Tage sein Hauptquartier in die wuchtigen Gemäuer, und während des Wiener Kongresses logierten darin Friedrich Wilhelm III. von Preußen und Zar Alexander I. von Russland.

Heute bildet das Schloss einen würdigen Rahmen für vielfältige Kulturinitiativen wie Ausstellungen, Konzerte oder Filmabende. Im baumbeschatteten Innenhof liegt nicht nur die Schlosstaverne, sondern auch die Geburtsstätte unseres rostigen Ritters. Der vielseitige Künstler Otto Potsch schuf hier in seinem Atelier unzählige Figuren aus Altmetall und bearbeitete fantasievoll Edelserpentin oder Bernstein.

Jeden Freitagnachmittag findet am Wolkersdorfer Hauptplatz ein Bauernmarkt statt, wo viele Einheimische bei einem guten Gläschen Wein und kleinen Köstlichkeiten gesellig die Arbeitswoche ausklingen lassen.

9

Kalvarienberg
Der Bahnstraße rund 300 Meter Richtung Süden folgen, dann bei einem Wegkreuz nach rechts in den Feldweg abbiegen.
A-2120 Pillichsdorf
www.dampfross-drahtesel.at

Weitere Informationen:
Gemeindeamt Pillichsdorf
Hauptplatz 3
A-2211 Pillichsdorf
+43 (0)2245 2421
www.pillichsdorf.at

NAPOLEON IM BLICK

Kalvarienberg

Nur vier Meter Höhe weist der kleine Hügel Kalvarienberg bei Pillichsdorf auf, und dennoch war er vor über 200 Jahren für den Habsburger Kaiser Franz I. ein wichtiger Beobachtungsplatz. Am 5. und 6. Juli 1809 tobte rund zehn Kilometer entfernt bei der Ortschaft Deutsch-Wagram eine erbitterte Schlacht zwischen den französischen Truppen Napoleons und der österreichischen Armee. Das kaiserliche Auge verfolgte durch ein Fernrohr den Verlauf der Kampfhandlungen, an denen insgesamt 300.000 Soldaten mit hohen Verlusten auf beiden Seiten teilnahmen.

Ein Gedenkstein erinnert auf dieser Erhebung an den Besuch des Monarchen. Informationstafeln erklären, dass es sich hier um einen Grabhügel der älteren Eisenzeit handelt, der viele Jahre später mit barocken Steinfiguren und einem Holzkreuz bestückt in Kalvarienberg umbenannt wurde. Die Sicht nach Deutsch-Wagram ist heute durch einen Waldgürtel und viele Windräder nicht mehr ganz so frei wie offenbar noch zu Napoleons Zeiten. Auf einer wunderbaren Radstrecke kann man die Distanz zum ehemaligen Schlachtfeld jedoch leicht bewältigen – in friedlicher Absicht natürlich! Diese Erlebnisradtour mit dem charmanten Namen *Dampfross und Drahtesel* ist für große und kleine Pedalritter eine abwechslungsreiche Route, die teils entlang einer ehemaligen Eisenbahnstrecke verläuft. Verschiedene Stationen erzählen von der Geschichte der Dampflok und Kunstinstallationen aus Eisenbahnrelikten laden zum Schmunzeln und Spielen ein.

Das Teilstück von Pillichsdorf nach Deutsch-Wagram führt über zwei weitere Ortschaften und ist knapp 20 Kilometer lang. Die gesamte Strecke des Themenradweges ist als Rundparcours befahrbar und leitet bis an die Wiener Stadtgrenze. Der Kalvarienberg befindet sich einen Kilometer südlich der Route bei Pillichsdorf an einem Feldweg.

Ein ungewöhnliches Museum will im Kirchturm von Pillichsdorf entdeckt werden. Über Wendeltreppen gelangt man in zwei Räume, die über 130 Exponate von der Frühgeschichte bis zur Neuzeit beherbergen.

10

Napoleon und Heimatmuseum
Erzherzog Carl-Straße 1
A-2232 Deutsch-Wagram
+43 (0)664 4364745
www.wagram1809.at

Marchfelderhof
Bockfließerstraße 31
A-2232 Deutsch-Wagram
+43 (0)2247 2243
www.marchfelderhof.at

Sterben für Gott und Vaterland

Napoleon und Heimatmuseum

In Paris führen einige breite Straßen auf den berühmten Triumphbogen zu, eine davon trägt den Namen Avenue de Wagram. Sie erinnert an den Sieg von Napoleons Truppen über das Heer der habsburgischen Monarchie im Jahr 1809 in den Ebenen des Weinviertler Marchfeldes.

In einem heute denkmalgeschützten Gebäude des Ortes Deutsch-Wagram bezog der österreichische Befehlshaber Erzherzog Carl sein Hauptquartier während der Kampftage. In diesem Haus ist nun ein Museum untergebracht, das unzählige Exponate aus jener geschichtsträchtigen Zeit beherbergt. Miniaturdarstellungen des Schlachtverlaufes, originale Schriftstücke wie der Rückzugsbefehl für die unterlegenen Österreicher oder die Uniform eines französischen Soldaten können besichtigt werden. Immer wieder werden bis in unsere Tage auf den Äckern des ehemaligen Kampfschauplatzes Relikte aus dieser Zeit gefunden. Bleikugeln, Münzen und Knöpfe von Kleidungsstücken übersiedeln nach der Bergung in das Museum und veranschaulichen hier sortiert und gekennzeichnet die Weltgeschichte. Kanonen und Mörser sowie Waffen der beiden gegnerischen Armeen sind zum Vergleich nebeneinander ausgestellt. Ein durchlöcherter Brustpanzer, der bei landwirtschaftlichen Arbeiten im Erdreich sichtbar wurde, führt dramatisch die Brutalität der gewaltsamen Auseinandersetzung vor Augen.

Im Zuge von Straßenbauarbeiten kamen in jüngerer Zeit mehrere Soldatengräber zu Tage. Die Lage und Ausmaße dieser Fundstellen wurden digital erfasst und können im Schauraum des Museums über eine computeranimierte Darstellung nachverfolgt werden. Eindrucksvolle Details lieferten auch die Untersuchungen an den gefundenen Skeletten: Die körperlichen Anstrengungen der Gewaltmärsche und die Auswirkungen aller Entbehrungen werden in einer Animation visualisiert.

Der Landgasthof Marchfelderhof lockt mit überbordender Dekoration und reichhaltiger Speisekarte Feinschmecker zur Einkehr. Unzählige Fotos prominenter Besucher testen Ihr Namensgedächtnis!

11

Das Heizhaus
Sillerstraße 123
A-2231 Strasshof an der Nordbahn
+43 (0)2287 3027
www.eisenbahnmuseum-heizhaus.com

Erlebnispark Gänserndorf
Siebenbrunnerstraße 55
A-2230 Gänserndorf
+43 (0)2282 79988
www.erlebnispark-gaenserndorf.at

»BITTE ALLES EINSTEIGEN!«

Eisenbahnmuseum *Das Heizhaus*

Schwarze Giganten auf zwei Schienen waren zweifellos vor rund 150 Jahren die technische Revolution des Transportwesens schlechthin. Im ersten österreichischen Straßenbahn- und Eisenbahnklub, der übrigens auch der einzige seiner Art geblieben ist, stecken die ehrenamtlichen Mitglieder viele Arbeitsstunden und noch mehr Herzblut in die Restauration und Wartung ihrer stählernen Lieblinge.

Über die Jahre wurde eine bemerkenswerte Sammlung an historisch wertvollen Dampf-, Elektro- und Dieselloks und dazu passenden Waggons aufgebaut, die im Eisenbahnmuseum *Das Heizhaus* ausgestellt ist. Rund 350 Fahrzeuge, manche davon außergewöhnliche Raritäten, von denen weltweit nur wenige Exemplare existieren und die teilweise aus dem 18. Jahrhundert stammen, machen die Ingenieursleistungen von anno dazumal wieder lebendig. Jeweils an Sonn- und Feiertagen finden die sogenannten Fahrbetriebstage statt. Dann können Besucher im Führerstand von Dieselloks mitfahren und aus der Perspektive des Zugführers erleben, wie der Triebwagen seinen Weg über Gleise und Weichen findet. An einigen Tagen im Jahr dürfen die alten Dampfloks schnaufend und pfauchend aus der Halle hinausrollen. Bereits rund zwölf Stunden vor Fahrtbeginn muss der Kessel angeheizt werden, damit er materialschonend seine Betriebstemperatur von 1.200 Grad erreicht, und auch während der Fahrt bleibt der Heizer bei seiner schweißtreibenden Aufgabe.

Bei Führungen wird für alle großen und kleinen Gäste die Funktionsweise der historischen Betriebsanlagen erklärt, wie eine Gleisdrehscheibe mit 23 Metern Durchmesser oder ein Kohlenkran. Kinder lieben die kleine Gartenbahn, auf der sie rittlings sitzend über das Gelände und durch den einzigen Eisenbahntunnel des Weinviertels rattern. Ebenso begeistert die umfangreiche Modellbahnanlage mit ihren vielen bunten Zügen.

Nur wenige Autominuten entfernt wartet Action im Erlebnispark Gänserndorf. Klettern, 3D-Bogenschießen, Abenteuerspielplatz, Trampolin und vieles mehr will in dem naturnahen Areal ausprobiert werden.

12

schlossORTH National-park-Zentrum
Schlossplatz 1
A-2304 Orth an der Donau
+43 (0)2212 3450
www.donauauen.at

Humer's Uferhaus
Uferstraße 20
A-2304 Orth an der Donau
+43 (0)664 1800322
www.uferhaus.at

ARTENREICHTUM AM BLAUEN STROM

schlossORTH Nationalpark-Zentrum

Man muss nicht stundenlang im Dickicht auf der Lauer liegen, um typische Bewohner der Donau-Auen aufzuspüren. Familien mit Kindern jeden Alters können im Nationalpark-Zentrum von Schloss Orth als Forscher auf Entdeckungsreise gehen. Im Auerlebnisgelände *Schlossinsel* wurde ein naturnaher Lebensraum für heimische Sumpfschildkröten, Nattern oder Amphibien geschaffen. Viele Stationen vermitteln Wissen über die Welt der Insekten, den Lebensraum Totholz oder das Treiben der possierlichen Ziesel. Sehr spannend ist auch eine Unterwasserbeobachtungsstation, in der gewissermaßen ein trockener Tauchgang in die Donau unternommen werden kann, um die Artenvielfalt der hier lebenden Fische und Wasserpflanzen naturnah zu erleben.

Das Besucherzentrum beherbergt eine Informationsstelle über alle angebotenen Aktivitäten, einen Aussichtsturm mit wechselnden Präsentationen und das *museumORTH*, in dem die Geschichte des Herrschaftssitzes und der Donaugemeinde Orth dargestellt wird. Ranger nehmen Sie gern bei Führungen und Exkursionen auf eine Forschungsreise in die faszinierende Welt zwischen Fluss und Wald mit. Der Nationalpark ist die größte zusammenhängende Aulandschaft dieser Art in Mitteleuropa und Refugium für eine Vielzahl verschiedenster Pflanzen, Vögel, Reptilien oder Amphibien sowie von rund 60 Fischarten. Der Donaustrom mit Schotterbänken, Inseln, Ufern und Seitenarmen ist wahrlich ein einzigartiger Lebensraum.

Das revitalisierte Schloss Orth mit seinen vier ziegelrot bedachten Türmen wurde als mittelalterliche Wasserburg gegründet und später von Kronprinz Rudolf als Jagdschloss sehr geschätzt. Im bezaubernden Innenhof lässt sich das herrschaftliche Ambiente bei einer Tasse Kaffee bestens genießen.

Wer jetzt Lust auf ein Fischgericht bekommen hat, wählt eines der Ortsgasthäuser oder begibt sich an die Donau zum Restaurant Humer's Uferhaus, mit Blick auf den Fluss und die vorbeiziehenden Schiffe.

18

Anlegestelle der Tschaike
bei Uferstraße 20, eine Gehminute stromaufwärts von Fischrestaurant Humer's Uferhaus
A-2304 Orth an der Donau
+43 (0)664 3341422
www.schiffmuehle.at

Schiffscafé Struden
Uferstraße 17
A-2304 Orth an der Donau
+43 (0)664 4210058

AUSZEIT AUF DEN DONAUWELLEN

Anlegestelle der Tschaike

»Tschaike« bedeutet auf Russisch »Möwe« und ist die Bezeichnung für ein historisches, flaches Ruderboot, das oftmals mit einem Segel ausgestattet war. Ausgehend vom Osmanischen Reich verbreiteten sich diese Boote zunehmend und waren ab dem 16. Jahrhundert bis Mitte des 19. Jahrhunderts auch auf der Donau unterwegs, mitunter als Teil der habsburgischen kaiserlich-königlichen Flotte.

Von der Anlegestelle aus können auf einem originalgetreu nachgebauten Exemplar einer Tschaike Fahrten von einem Nebenarm hinaus auf den Strom unternommen werden. Dabei lernt man von den Schiffsführern Martin Zöberl und Sabine Bergauer Spannendes über die Funktionsweise dieses ehemaligen Militärbootes sowie Geschichtliches zum Wassertransport allgemein. Unvorstellbar, dass einst manche Frachtboote nur ein einziges Mal genutzt wurden. Nachdem die Ladung flussabwärts am Bestimmungshafen angekommen war, wurde das Vehikel in alle Einzelteile zerlegt, verkauft und die Besatzung marschierte wochenlang zu Fuß wieder zurück. Besuchergruppen können während der Tour an insgesamt 20 Ruderplätzen versuchen, der Donau einige Meter stromaufwärts abzuringen. Sollte das nicht klappen, reist man beschaulich mit Unterstützung des Motors entlang urwüchsiger Gestade des Nationalparks. Bei ausreichender Fließgeschwindigkeit erfolgt die Rückfahrt fast geräuschlos, nur das geheimnisvolle »Donausingen« ist zu vernehmen.

Auf der gegenüberliegenden Uferseite der Anlegestation schaukelt ein anderes hölzernes Bauwerk im Wasser. Es handelt sich um eine detaillierte Nachbildung einer Wassermühle, wie sie bis in die 1930er-Jahre für das Mahlen von Getreide eingesetzt wurde. Der Kapitän Herr Zöberl ist auch Schiffsmüller und zeigt vorangemeldeten Gästen gerne die beeindruckende Konstruktion, die schon einmal völlig in den Fluten versank, und erzählt vom Leben am großen Strom.

Zwei Gehminuten entfernt liegt ein schwimmendes Schiffscafé vor Anker. Kaffee, Kuchen und Erfrischungsgetränke verlängern das Urlaubsfeeling am Wasser, eine Personenfähre setzt hier über die Donau.

14

Fahrradbrücke der Freiheit
Linker Hand des Haupteingangs von Schloss Hof führt der Radweg in rund zwei Kilometern zur Brücke.
A-2294 Markthof
www.engelhartstetten.at

Marchdammkapelle Heiliger Florian
Markthof 51
A-2294 Markthof

ACTIONSTAR VERSUS KAISERIN

Fahrradbrücke der Freiheit

Was hat der amerikanische Schauspieler Chuck Norris mit einer Fahrradbrücke im Weinviertel zu tun? Fast hätte der Name des Schauspielers dieses Bauwerk geziert, allerdings verursachte das einige Kontroversen. Aber alles der Reihe nach: Im Jahr 2010 wurde im Rahmen eines EU-Förderprojektes beschlossen, zwischen Österreich und der Slowakei über den Grenzfluss March eine Fahrrad- und Fußgängerbrücke zu errichten, die dadurch Teil eines weitläufigen Radwegenetzes werden sollte. Über den Namen des völkerverbindenden Stegs wollten die Stadtväter Bratislavas die Bevölkerung mittels Online-Voting entscheiden lassen. Es stand beispielsweise die österreichische Kaiserin Maria Theresia als Namensgeberin zur Auswahl, die einst in der heutigen Hauptstadt der Slowakei als einzige Frau zur Königin von Ungarn gekrönt wurde. Ein alternativer Vorschlag aus der Internetgemeinde brachte den amerikanischen Actionschauspieler Chuck Norris ins Spiel, und prompt gewann diese vielleicht gar nicht ernst gemeinte Idee haushoch. Mit einer Chuck-Norris-Brücke über den ehemaligen Eisernen Vorhang konnte sich die hohe Politik jedoch überhaupt nicht anfreunden. Schließlich beschloss man – Votingergebnis hin oder her – sie auf *Fahrradbrücke der Freiheit* zu taufen.

Neben der Abfahrt auf der slowakischen Seite sind bei einem Spielplatz noch Reste von Grenzschutzanlagen und Stacheldraht zwischen dem damaligen Ost- und Westeuropa zu sehen. Sie befinden sich hier übrigens direkt auf der internationalen Radroute *Iron Curtain Trail*. Auf österreichischer Seite ist neben vielen interessanten Ausflugszielen die Marchdammkapelle zum Heiligen Florian, erbaut 1905 anlässlich der Fertigstellung des Hochwasserschutzes, in kurzer Distanz erreichbar.

Neun Kilometer flussabwärts mündet die March in die Donau. Ein Radausflug lohnt sich, denn von der imposanten Burgruine Devín aus haben Sie einen fantastischen Blick auf dieses Naturschauspiel.

15

Schloss Hof
Schloss Hof 1
A-2294 Schloßhof
+43 (0)2285 20000
www.schlosshof.at

Weitere Informationen über die Marchfelder Schlösser:
Marchfelder Schlösserreich
+43 (0)664 8616144
www.schloesserreich.at

MEINE SÄNFTE, BITTE!

Barockgarten und Gutshof von Schloss Hof

Ein ganzer Tag ist fast zu kurz, um das Gesamtensemble Schloss Hof in allen Facetten zu erleben. Dieses wunderbare Familienausflugsziel entführt in die üppige Welt des Barock und lässt sie mit allen Sinnen erleben.

Das weitläufige, zum Grenzfluss March abfallende Prachtgelände ist in sieben Terrassen unterteilt, die jede für sich ein besonderes Erscheinungsbild abgibt. Nach 15-jähriger Rekonstruktion erblüht die nach französischem Vorbild konzipierte Gartenanlage dank historischer Abbildungen heute wieder beinahe originalgetreu. Herrliche Blumenbepflanzung, Buchshecken und mit Kieselsteinen gestaltete Flächen säumen abwechslungsreiche Spazierwege. Alleen, Brunnen und Sitzgelegenheiten laden zum genussvollen Verweilen ein. Auf der siebten Terrasse entstand vor kurzem als zusätzliche Attraktion ein grüner Irrgarten mit einer Aussichtsplattform, die neue Blicke auf das Gesamtkunstwerk zulässt.

Das großzügige Areal des nebenliegenden Gutshofes diente im 18. Jahrhundert der Versorgung des fürstlichen Haushalts und wirkt durch die vielen Tiere und bestens gepflegte Nutzgärten noch immer lebendig. Auf zwei interaktiven Rundgängen können sich die Besucher aus der Perspektive eines Stallburschen oder einer Magd in das Leben der damaligen Bediensteten hineinversetzen und dabei spielerische Aufgaben erfüllen. Eine große Anzahl an Vierbeinern und Federvieh lebt in diesem königlichen Umfeld, grast auf den Koppeln und bevölkert den Streichelzoo. Dieser begehbare Tiergarten und der angeschlossene Spielplatz kann vom Restaurant *Zum Weissen Pfau* gut überblickt werden und ermöglicht dadurch den Eltern vom nimmermüden Nachwuchs eine erholsame Verschnaufpause. Schließlich steht noch ein Juwel auf dem Programm: Das Schloss selbst möchte auch erkundet werden!

Wer jetzt vom prachtvollen Lebensstil früherer Herrscher noch nicht genug hat, findet insgesamt fünf Schlösser in der Region des Marchfeldes. Jedes ist ein Kleinod für sich.

16

Storchenhaus
Im Schloss 1
A-2293 Marchegg
+43 (0)681 81644656
www.marchegg.at

Nähere Auskünfte über das Reservat March-Auen des WWF:
www.wwf.at/storchenhaus

Weydner Wirtshaus
Schönfelder Straße 2
A-2295 Oberweiden
+43 (0)2284 20153
www.weydner-wirtshaus.at

WAS BRINGT UNS DER STORCH?

Storchenhaus

Im März schauen viele Marchegger immer wieder zum Himmel. Sobald dunkle Punkte auftauchen, die langsam näher kommen und sich als Störche entpuppen, ist die Freude groß. Die ersten, meist männlichen Adebars beziehen sogleich die begehrtesten Horste und haben ebenso wie die Nachzügler eine bis zu 10.000 Kilometer lange Reise hinter sich. Ihre Nistplätze liegen auf alten, meist abgestorbenen Eichen im Auwald und sind damit im mitteleuropäischen Raum eine absolute Besonderheit. Nach der Brutzeit schlüpfen im Mai die Jungvögel und die Eltern sind nun gefordert, den immer hungrigen Nachwuchs ständig mit Futter zu versorgen. In den Auwiesen der March findet sich durch die jährlichen Hochwässer reichlich Nahrung. Schon im Juli unternimmt die neue Generation die ersten Flugversuche und ab Mitte August beginnt die lange Reise nach Ost- oder Südafrika. Diese treten als Erstes die Jungvögel alleine mit Hilfe ihres angeborenen Orientierungssinnes an.

Das Storchenhaus Marchegg, Informationszentrum für Naturtourismus in den March-Auen, hat sich ganz diesen großen Zugvögeln verschrieben und Sie können sich hier ausführlich über Störche sowie andere Tiere und Pflanzen des WWF-Auenreservates informieren. Im Schlosspark lässt sich das historische Ambiente bei einer Auswahl an Snacks genießen und die Kleinen dürfen sich auf einem Spielplatz austoben. Geführte Touren mit geschulten Ökopädagogen erklären Spannendes über Weißstörche, Graureiher oder Seeadler, bei einem Spaziergang durch die angrenzende Au entdecken Sie vielleicht Biberspuren oder eine wildlebende Herde der seltenen Konik-Pferde. Diese Tiere weiden seit einigen Jahren auf einem 70 Hektar großen Areal und helfen dadurch mit, die Wiesen zu pflegen und zu erhalten.

Marchegg weist eine mittelalterliche Stadtmauer auf, an der Sie entlangspazieren können. Vorzügliche regionale Esskultur wird nur wenige Kilometer entfernt im Weydner Wirtshaus geboten.

17

Rochuskapelle
Zum Kellerberg 79
A-2261 Mannersdorf an der March
www.angern.at

Weingut Minkowitsch
Rochusberg 40
A-2261 Mannersdorf an der March
+43 (0)664 5825066
www.minkowitsch.at

DANKBARKEIT IN RENAISSANCE

Rochuskapelle auf dem Rochusberg

Ein blendend weißer, runder Bau steht weithin sichtbar am höchsten Punkt des Rochusberges und besticht durch seine ungewöhnliche Form und herrliche Lage. Dreigeschossig, mit immer schmäler werdenden Segmenten bis zur Kuppel nach oben hin ist die Rochuskapelle im Stil der italienischen Renaissance erbaut. Vor dem Eingang kann von einer Art Laubengang aus das grandiose Panorama genossen werden.

Das Wahrzeichen von Mannersdorf geht auf die Stiftung eines Grundherrn aus Angern zurück: Rudolf von Teuffenbach war ein kaiserlich-habsburgischer Heerführer, der 1620 an der Schlacht am Weißen Berge im Dreißigjährigen Krieg teilnahm. Er diente als Oberbefehlshaber unter dem berühmten Feldherrn Wallenstein und brachte es zum Titel eines Feldmarschalls. Aus Dankbarkeit über seine Rückkehr von Kriegseinsätzen und die Verschonung vor der Pest wählte er diesen Ort für eine Gedenkstätte und auch den Schutzpatron dafür, den Heiligen Rochus. Daraufhin wurde diese Erhöhung, ein Lösshügel beachtlichen Ausmaßes, in Rochusberg benannt. Dieser ist in der Region als einzigartiger Weinkellerberg bekannt. Seit 1650 wurden hier Erdröhren zum Reifen und Lagern des Weines tief in sein Inneres gleich in mehreren Stockwerken übereinander gegraben. Über hundert Presshäuser stehen wie in einer kleinen, verträumten Zwergensiedlung dicht aneinander, dazwischen laden kleine Wege mit hohen Bäumen umsäumt zu Spaziergängen in diese Miniaturwelt ein.

Die Gegend um Mannersdorf vereint den für die Weinproduktion günstigen Einfluss eines pannonischen Kleinklimas und die kühle Feuchtigkeit der March. Besonders beim Winzerhof Minkowitsch genießen Sie eine wunderbare Sicht von der Terrasse und können die innovativen Erzeugnisse, wie Weine aus dem Granitsteinfass, verkosten.

Die Familie Minkowitsch bietet amüsante Führungen mit Weinverkostungen an. Schmunzeln Sie bei Anekdoten über Presshäuser, Weinkultur und Historisches sowie über die enorme Bedeutung der March.

18

Winzerhof Küssler
Haspelgasse 98
A–2262 Stillfried/Grub an der March
+43 (0)664 8585598
www.kuessler.at

Stillfried-Zentrum der Urzeit
Hauptstraße 23
A-2262 Stillfried an der March
+43 (0)676 6113979
www.museumstillfried.at

DIOGENES LÄSST GRÜSSEN

Winzerhof Küssler

Es mangelt den Beherbergungsbetrieben im Weinviertel nicht an findigen Ideen, um Gäste zusätzlich zu hervorragenden regionalen Spezialitäten mit immer neuen Attraktionen zu begeistern. Beim Winzerhof Küssler ließ man sich eine ganz besondere Übernachtungsmöglichkeit einfallen: Schlafen im Weinfass. Es handelt sich dabei natürlich nicht um einen feuchten, leer getrunkenen Bottich im kühlen Keller, sondern um kuschelige, eigens für diese Zwecke von einem Fassbinder angefertigte Schlaf-Fässer. Darin hätten insgesamt 9.000 Liter Flüssigkeit Platz, aber bei Küsslers beinhalten sie eben romantische Doppelbetten. Diese befinden sich in Suiten, welche jeden Komfort bieten, und sogar die Eingangsfront in jedes dieser kleinen Urlaubsreiche zeigt sich an das Motto »Das Winzerleben pur genießen« angepasst.

Besonders beliebt bei den Besuchern ist die Kombination einer Übernachtung mit der faszinierenden Führung durch die Kellerei und der anschließenden Weinverkostung im 300 Jahre alten Kellergewölbe. Bestimmt wollen Sie wissen, wie der hauseigene *Küssante* schmeckt, er ist einer der Stars im Sortiment. Die vor Kreativität sprudelnde Familie Küssler hat jüngst auch ihren ehemaligen Eiskeller stimmungsvoll adaptiert. Dieser spielte früher eine wichtige Rolle bei der Kühlung der Lebensmittel und präsentiert sich nun als lukullische Weinstube. Ein weiterer Geistesblitz mündete in ein prickelndes Wellnesserlebnis, bei dem die glücklichen Genießer in einer Holzwanne voll Wein baden dürfen.

Für eine größere Gästegruppe steht ein uriges, geschmackvoll renoviertes Ferienhaus für insgesamt elf Personen zur Verfügung, und verschiedene Varianten für die Verpflegung erfüllen alle Wünsche der Urlauber. Der Heurigenbetrieb widmet sich gerne zu den Öffnungszeiten dem leiblichen Wohl aller Gäste.

Der nahe Ort Stillfried entführt Sie in die Urzeit des Menschen. Er ist berühmt für seine 30.000-jährige ununterbrochene Besiedlung und für seine Lage an der historischen Bernsteinstraße.

19

Marchufer bei Dürnkrut
Der Straße Am Damm bis zur March folgen
A-2263 Dürnkrut
+43 (0)680 2151571
www.fischereiverein-duernkrut.at

Schloss Dürnkrut
Schlossplatz
A-2263 Dürnkrut
www.duernkrut.gv.at
www.herbert-preisl.at

DIE RUHE AM FLUSS

Marchufer bei Dürnkrut

Ist Angeln einer sportlichen Tätigkeit zuzurechnen oder nicht? Bei dieser Frage scheiden sich bisweilen die Geister, auf jeden Fall jedoch steht das Naturerlebnis bei dieser geruhsamen Beschäftigung eindeutig im Vordergrund. Ein herrliches Revier dafür befindet sich am unberührten Ufer der March. Der Fischereiverein Dürnkrut betreut eine zwölf Kilometer lange Strecke entlang des Flusses sowie einige Teiche, die aus dem früheren Verlauf der Wassermäander zurückgeblieben sind. Um selbst zum Petrijünger zu werden, können Besucher hier nach telefonischer Vereinbarung eine »Fischergastkarte für Niederösterreich« erhalten, mit der sie eine Tages- oder Wochenlizenz lösen. Es wird vom Verein außerdem ein Revierplan ausgegeben, damit man sich im weitläufigen Gelände zurechtfindet.

Auch ohne die Absicht, das eigene Abendessen aus den Fluten zu holen, ist hier ein Spaziergang äußerst lohnenswert. Von der Bahnstation Dürnkrut – dieses historische Bahnhofsgebäude ist sehr gut erhalten – vorbei am Gasthaus Jana erreicht man schon nach wenigen Minuten Fußweg den Auwald und dann die March. Sie bildet heute die östliche Grenze des Weinviertels zu den Nachbarn in der Slowakei und hat eine bewegte Geschichte aufzuweisen. Im Mittelalter stellte sie die Ostgrenze des österreichischen Gebietes dar, mit Ausdehnung des Habsburger Reiches wurde sie zum Binnenfluss und ab 1945 sperrte der Eiserne Vorhang auf der damals tschechoslowakischen Seite jede Möglichkeit eines Übertritts ab. Nur häufige Hochwässer breiteten sich regelmäßig über beide Ufer aus, sodass man Fischerhäuschen auf bis zu fünf Meter hohen Stelzen errichtete. Diese sind in luftiger Höhe mit kleinem Balkon und manchmal blumengeschmückt recht lustig anzusehen.

Das Renaissanceschloss Dürnkrut mit dem markanten Turm über dem Tor öffnet für Besucher im Rahmen einer Führung mit dem Hobbyarchäologen Herbert Preisl gerne die Pforten.

20

Schloss Jedenspeigen
Schlossplatz 1
A-2264 Jedenspeigen

Weitere Informationen:
Gemeindeamt Jedenspeigen
Bahnstraße 2
A-2264 Jedenspeigen
+43 (0)2536 8224
www.jedenspeigen.at

Glück, Ende und Neuanfang

Schloss Jedenspeigen

Mit Kampfgeschrei, Pferdewiehern und dem metallischen Klirren von Schwertern und Rüstungen fand eine der größten Ritterschlachten Europas am 26. August 1278 zwischen den Orten Dürnkrut und Jedenspeigen im Marchfeld statt. Mit diesem Ereignis schrieb der östliche Teil des Weinviertels Geschichte, denn der Ausgang dieser Auseinandersetzung zweier Herrscher legte die Grundlage für die 650 Jahre währende Habsburger Monarchie und ihr riesiges Vielvölkerreich.

Zur Zeit dieses folgenschweren Kampfes thronte am Ort des heutigen Schlosses Jedenspeigen bereits eine mittelalterliche Befestigung. Nach mehreren Umbauten im Laufe der Jahrhunderte spannt sich eine Steinbrücke über den ehemaligen Wehrgraben zu dem vierflügeligen Gebäude mit dem imposanten Turm. Nach jüngsten Renovierungen fungiert diese historische Stätte als kulturelles Zentrum der Gemeinde und lässt mit einer Dauerausstellung zur schicksalsträchtigen Schlacht die damaligen Ereignisse nacherleben. Dabei kann der Besucher Näheres über die Ausgangslage der beteiligten Länder Österreich, Böhmen und Ungarn erfahren und digital auf einem großen Bildschirm in das Kampfgeschehen der jeweils 30.000 Mann starken Heere eintauchen. Diese standen sich aufgrund eines Streits über territoriale Besitzansprüche des Habsburgers Rudolf I. und Ottokar von Böhmen waffenstarrend gegenüber und im Verlauf der Schlacht mussten tausende Soldaten und auch Ottokar ihr Leben lassen. Der Konflikt zwischen den beiden Regenten wurde vom Dichter Franz Grillparzer in seinem Drama *König Ottokars Glück und Ende* literarisch festgehalten. In der neu gestalteten Museumsschau sprechen in einem Video die animierten Charaktere der Figuren einige Textauszüge daraus. Die Ausstellung ist an Wochenenden und an Feiertagen geöffnet.

Ein sechs Meter hoher Gedenkstein an der Straße zwischen Dürnkrut und Jedenspeigen erinnert an das Kampfgeschehen auf dem damaligen Schlachtfeld, auch heute noch werden hier Blumen niedergelegt.

21

Guglhupfberg
An der Hauptstraße (bei Ab-Hof-Verkauf Redl, Gaiselberg 26) dem Schild »Kellergasse« zu Fuß über den Kellerberg folgen.

Informationen:
Stadtgemeinde Zistersdorf
Kellergasse
A-2225 Gaiselberg
+43 (0)2532 2401
www.zistersdorf.gv.at

Gasthaus Zum Grünen Baum
Landstraße 1
A-2225 Zistersdorf
+43 (0)2532 81555
www.gasthauszumgrue-nenbaum.at

EIN KUCHEN ZUM BESTEIGEN

Guglhupfberg

Luftbildaufnahmen zeigen im Weinviertel eine Vielzahl an sogenannten Hausbergen mit ihren kreisförmigen Schutzwällen. Darunter versteht man künstliche Erdaufschüttungen aus dem Frühmittelalter. Auf einem solchen Hügel stand meist ein »festes Haus«. Im Berg selbst befanden sich oft Fluchtstollen oder Labyrinthe, die später manchmal zu Weinkellern umfunktioniert wurden. Hausberge sind europäische Sehenswürdigkeiten und stehen unter Denkmalschutz.

Hier in Gaiselberg ist eine besonders gut erhaltene Anlage zu besichtigen. Sie entstand um 1160, als ein Kuenringer sie vorerst mit nur einem Wall erbauen ließ. Rund 100 Jahre später erhöhten ein zweiter und dritter Wall die Sicherheit der Bewohner gegen feindliche Angriffe. Die ringförmigen Aufschüttungen sind auch heute noch eindrucksvoll zu erkennen, obwohl durch Wettereinflüsse ihre Höhe bereits verringert ist. Übrigens leitet sich der volkstümliche Name dieser Sehenswürdigkeit von ihrer Form ab: Sie erinnert an einen Guglhupf. Die spektakuläre Anlage liegt am heutigen Kellerberg, zu dem auf der Hauptstraße ein Schild mit »Kellergasse« weist. Diese führt in einigen Windungen nach oben und zu einer Informationstafel über den stummen Zeugen aus früherer Zeit. Von hier sind es nur ein paar Schritte weiter und das historische Bauwerk tut sich vor Ihren staunenden Augen auf. Der Ortsname Gaiselberg geht auf das keltische Wort »gais« zurück, welches eine Art heilige Sperrzone bedeutet, die mitunter nur für Druiden zugänglich war.

Jeder dieser Hausberge ist in seiner Form und Lage einzigartig. Vereinzelt gab es eine Art Nachnutzung der Erhebungen, wie zum Beispiel einen Kirchenbau obenauf, zuweilen ist er einfach ein Ort geworden, den sich die Natur zurückerobert hat.

Im nur wenige Kilometer entfernten Zistersdorf können Sie im Gasthaus *Zum Grünen Baum* Haubenküche genießen, bei Schönwetter auf dem netten Plätzchen vor dem Haus unter einem ehrwürdigen Kastanienbaum.

22

Nexinger Schweiz
Geöffnet an Wochenenden
und Feiertagen
Zugang ist rechts neben
Schloss Nexing
Nexing 1 (Schloss)
A-2224 Nexing

Oase am Teich
Nexing 32
A-2224 Nexing
+43 (0)2534 23331
www.fischertraum.at

WO IST DAS MEER?

Nexinger Schweiz

Das nächstgelegene Meer ist rund 500 Kilometer vom Weinviertel entfernt, dennoch steht man hier oft mit beiden Beinen eindeutig auf Meeresboden. Dieser Teil Niederösterreichs war Millionen Jahre lang von Salzgewässern überflutet, die gewaltige Mengen an Muscheln ablagerten.

Im Dörfchen Nexing ist eine enorme Ansammlung von rund 13 Millionen Jahre alten Muscheln zu bewundern. Dieser Ort ist international vielen Geologen ein Begriff, denn hier finden sich fossile Schalen von Meerestieren in solcher Dichte und flächenmäßiger Ausdehnung wie kaum anderswo in Europa. Zudem ist es einem gewissen Franz Ritter von Heintl zu verdanken, dass rund um diese Muschelberge eine kleine Zauberwelt entstanden ist. Der vielseitig begabte Herr erwarb das Gut Nexing 1802. Neben seinen vielen Betätigungsfeldern – er verfasste Schriften über Weinbauschulen und Seidenraupenzucht, erstellte Konzepte für ein Geldinstitut oder eine Hagelversicherungsanstalt – war er überdies als Landschaftsarchitekt tätig. Heintl ließ einen romantisierenden Landschaftsgarten anlegen, der neben außergewöhnlichen Pflanzen und Bäumen einige künstliche Grotten, Bäche und ein verschlungenes Wegenetz aufwies. Heute sind noch Teile davon erhalten, unter anderem ein imposanter Durchgang, in dem sich links und rechts meterhoch aneinandergepresst die fossilen Kalkgehäuse auftürmen. Dieses Gelände ist in einem Schaugarten zugänglich und wird aufgrund seines alpinen Aussehens auch Nexinger Schweiz genannt.

Diese Masse an Muscheln blieb der Bevölkerung nicht verborgen. Man brannte daraus Kalk und die Fassaden vieler Presshäuser der Umgebung wurden damit weiß gestrichen. Die zerstoßenen Schalen der Meeresbewohner vom damals sogenannten Hendlfutterberg wurden auch den Hühnern kredenzt.

Nahe gelegen befindet sich eine Teichlandschaft zum Fischen und das nette Lokal *Oase am Teich*. Vorangemeldete Gruppen erhalten dort den Schlüssel für die Nexinger Schweiz außerhalb der Öffnungszeiten.

23

Weinviertler Museumsdorf Niedersulz
Niedersulz 250
A-2224 Niedersulz
+43 (0)2534 333
www.museumsdorf.at

BILDERBUCH VON ANNO DAZUMAL

Weinviertler Museumsdorf Niedersulz

Glaube versetzt bekanntlich Berge und die Willenskraft eines Idealisten ganze Häuser. Es ist dem Bauernkind Josef Geissler zu verdanken, dass heute ein typisches Weinviertler Zeilendorf wie aus einem Bilderbuch von 1900 zu betreten, zu erkunden und zu genießen ist. Der »Pepi« begann bereits als Jugendlicher in den 1960er-Jahren das bäuerliche und sakrale Kulturerbe seiner Heimat zu bewahren. Seine Leidenschaft, Altes vor dem Verfall zu retten, machte auch vor Bauernhäusern, Werkstätten und sogar einem Wirtshaus, einer Schule und einer Kapelle nicht Halt. Im Laufe von Jahrzehnten hat der ausgebildete Kirchenrestaurator und geschickte Handwerker mit ehrenamtlichen Helfern viele Gebäude in der Umgebung, die vor dem Abriss standen, in alle Einzelteile zerlegt, durchnummeriert und auf einem Grundstück entlang des Sulzbaches in einem harmonischen dörflichen Gefüge wieder aufgebaut. Heute bietet das Gesamtensemble nicht nur einen authentischen Einblick in das Leben auf dem Land vor rund 100 Jahren, sondern vor allem für Kinder eine unbekannte Erlebniswelt.

Unter den rund 80 Gebäuden befinden sich ein historischer Bauernhof mit vielen Tieren oder eine einklassige Landschule mit angeschlossenem Lehrerzimmer. Die schlichte Schönheit der Bauwerke wird vom überquellenden Blumenschmuck der Gärten umrahmt. Fast alles darf betreten werden, und innen warten oft kleine Ausstellungen zu Leben und Arbeit von anno dazumal oder zu geschichtlichen Themen der Region. An speziellen Tagen werden alte Handwerkstechniken wie Schmieden oder Lehmziegelschlagen erklärt und gezeigt. Familienfeste mit buntem Kinderprogramm oder Mitmach-Stationen lassen die Kleinen in eine entschwundene Welt eintauchen und Kinderfreuden aus vergangenen Zeiten nacherleben.

Jeden ersten und dritten Sonntag im Monat findet nachmittags eine Betty-Bernstein-Familienführung mit spannenden Rätseln rund um die Schätze eines Weinviertler Dorfes statt.

24

Weingut Sandberg
Neuberg 1
A-2221 Groß-Schweinbarth
+43 (0)664 9241901
www.sandberg-weinviertel.at

Nächstgelegener Einstieg in den **Energietour-/OMV-Erlebnisradweg**:
Hauptplatz
A-2243 Matzen
www.matzen-raggendorf.gv.at

INNOVATIV AUF SAND GEBAUT

Weingut Sandberg

Noch vor wenigen Jahren war hier – nichts, außer einem Hügel mit Äckern und Weingärten. Zwei junge Schwestern, beide Quereinsteigerinnen in den Weinbau, und deren Vater erwarben Grund und Boden, rodeten die vorhandenen Kulturen und pflanzten Rebstöcke. In ihren mutigen Köpfen schwelte bereits die Vision einer Buschenschank – hierbei schenkt ein Winzer nur seine eigenen Weine aus – am höchsten Punkt des Bergleins, inklusive einer traumhaften Aussicht ins Land.

Heute spricht das gelungene Ensemble des Weingutes Sandberg alle Sinne an. Beim Bau des hochmodernen Gebäudes kamen natürliche Ressourcen wie Stein, Holz und Glas zur Anwendung, die Farbgebung innen und außen gibt jene der umliegenden Landschaft wieder. Vorausschauend wurden die Anforderungen für eine umweltgerechte und naturverbundene Produktion von Wein und Speisen unter einem Dach umgesetzt. Die Winzerinnen bearbeiten ihre Reben biologisch und haben mittlerweile ein gut ausgebautes Sortiment von Weißweinen und einigen Rotweinen. Die Gerichte für die Gäste werden mit möglichst vielen selbst produzierten Zutaten kreiert, zugekaufte Lebensmittel sind regional und von höchster Qualität. In der hauseigenen Backstube wird Teig für Gebäck, Brot und Süßes aus dem Mehl der örtlichen Mühle täglich frisch verarbeitet.

Eine überraschende Erweiterung der Produktpalette ist das jüngste Projekt der Familie: Eine Fischzucht entstand angrenzend an das Weingut. Forellen werden hier ganzjährig in einem überdachten Strömungsbecken im hervorragenden, grundstückseigenen Quellwasser gezüchtet, Karpfen tauchen in Außenteichen durch das kühle Nass. Hier kann so viel Genussvolles erlebt werden, dass trotz der vielen Sitzplätze auf der großzügigen Terrasse mit ihrer grandiosen Fernsicht eine Reservierung unbedingt empfohlen wird.

Nur wenige Kilometer entfernt finden Sie Anschluss an den Rundradweg *Energietour* durch das größte Erdölfördergebiet Österreichs. Bedächtig nickende Ölpumpen in Weinbergen geben eine skurrile Szenerie.

25

Himmelkeller
Waldstraße
A-2123 Kronberg
+43 (0)699 17442265
www.himmelkeller.at

IM WEINVIERTLER HIMMEL

Himmelkeller

Wunderwelt, malerisches Gesamtensemble oder liebevolles Regionalmuseum – das Lebenswerk des Künstlers Hermann Bauch ist kaum in Worte zu fassen. Es trägt die klingende Bezeichnung *Himmelkeller*. Dieser Name resultiert aber nicht aus einer genialen Brainstorming-Runde, sondern das Grundstück des heutigen Areals war früher schlicht im Besitz eines Herrn namens Himmel. Der gesamte Bereich umfasst zehn Gebäude, teils um einen stimmungsvollen Innenhof gruppiert. Ein großer Konzertstadl mit sakralen und volkskundlichen Objekten, eine Gruppe renovierter Presshäuser und Galerien mit Kunstwerken tragen zum formvollendeten Gesamtbild bei.

Das Motto des bereits 2006 verstorbenen Professors »retten, erhalten und gestalten« ist noch immer auf Schritt und Tritt sichtbar. Seine umfangreiche Sammlung an bäuerlichen Alltagsgegenständen sowie Arbeitsgeräten gibt ein beeindruckendes Zeugnis früherer Handwerkskunst, etwa eine der größten Weinpressen Österreichs ist hier zu bestaunen. Das tonnenschwere Stück wurde aus einer massiven Eiche im Jahr 1735 mit feinen Verzierungen angefertigt und ließ jahrhundertelang Saft aus reifen Trauben fließen. Auch das einstige Atelier des Multitalentes Hermann Bauch ist im Rahmen von Führungen zu besichtigen. Seine sakralen Werke entstanden vor allem als Sgraffito, Mosaik und Glaskunst und zieren Kirchen, Kapellen und Kreuzwege in ganz Europa. In den Arbeiten des Malers und Grafikers finden sich oftmals Weinviertler Symbole wie der Hahn, in Bildern und Radierungen dokumentierte er die Schönheit der Kellergassen.

Sein Sohn Hannes Bauch führt den Himmelkeller als Museum und Veranstaltungsort weiter. Es gibt bei rund 1.450 Objekten, außergewöhnlichen Räumlichkeiten und kurzweiligen Führungen für Groß und Klein wahrlich viel zu erleben.

In Kronberg windet sich eine hübsche Kellergasse rund um den ehemaligen Burghügel. Dieser ist von einem 600 Jahre alten Kellersystem durchzogen und birgt geheimnisvolle Ritzzeichnungen.

26

Schaugarten Parbus
Hauptstraße 73
A-2123 Wolfpassing
+43 (0)699 11800475
www.wein4tler-bauerngarten.at

Weitere Informationen:
Gemeindeamt Hochleithen
Gemeindezentrum 1
A-2123 Traunfeld
+43 (0)2245 89166
www.hochleithen.gv.at

WO GEHT'S HIER ZUM »HINTAUS«?

Schaugarten Parbus

Ein Weinviertler Garten ist oft langgestreckt zwischen dem regionaltypischen, L-förmigen Bauernhaus und der Mauer des angrenzenden Nachbargebäudes angelegt. Straßenseitig zieht das blumengeschmückte Vorgärtchen entzückte Blicke auf sich, durch die große Hauseinfahrt gelangt man in den Innenbereich zum grünen Paradies.

Der Schaugarten Parbus und sein Bauernhaus haben viele Merkmale eines solchen ländlichen Refugiums vereint: duftende Blumentöpfe in der »Trettn«, das ist ein überdachter Weg entlang der ehemaligen Stallungen, die früher so wichtige Jauchegrube, in der es heute grünt und blüht, sowie einen Brunnen mit tiefem Schacht. In den Beeten wuchern Blumen und Stauden, die sich als besonders geeignet für sonnige oder schattige Lagen erwiesen haben, kleine Dekorationsobjekte überraschen die Besucher, die Wiese lädt zum Barfußgehen ein und viele Sitzgelegenheiten wollen ausprobiert werden. Schlendern Sie auf dem sanft ansteigenden Gelände an einem historischen Holzstadel vorbei weiter zu Obstbäumen mit besonderen Sorten und zu einem Weingarten, von dem Sie einen berückend schönen Ausblick bis zur erhöht liegenden Dorfkirche genießen.

Bei diesem Erkundungsgang entdecken Sie eine weitere Besonderheit des ländlichen Weinviertels: das Hintaus. Dieser Begriff bezeichnet den rückwärtigen Teil hinter dem Bauernhaus, mit Scheunen und Schupfen, der Hofausfahrt und Lagerplätzen für Gerätschaften. Dieser Bereich ist sehr privat. Er ist von der Straße kaum einsehbar und geht häufig in einen naturbelassenen, zuweilen sogar verwilderten Naturraum über, wo manchmal ein ausgedienter Traktor vor sich hinrosten darf, Löwenzahn und Brennnessel wuchern und Kinder kleine und große Abenteuer finden. Hintaus ist die gemütliche Kehrseite des Dorfes.

Sie können dem Schaugarten einen Kurzbesuch abstatten oder hier einen ganzen Tag lang Seele und Füße baumeln lassen. Liegen, Lesestoff und kleine Imbisse erwarten Sie im gebuchten Paket.

27

Gmoabauernlodn
Kirchenplatz 5
A-2124 Niederkreuzstetten
+43 (0)660 8771660
www.gmoabauernlodn.at

Weitere Informationen:
Gemeindeamt Niederkreuzstetten
Kirchenplatz 5
A-2124 Niederkreuzstetten
+43 (0)2263 8472
www.kreuzstetten.gv.at

VOM BAUERNHOF AUF DEN TISCH

Gmoabauernlodn

Hühner gackern und Schweinchen grunzen in der Nähe, am Horizont brummt der Mähdrescher und die Äpfel plumpsen hörbar vom Baum. Lebensmittel mit eindeutiger Herkunft aus der näheren Umgebung, die nach kurzem Transportweg im Verkaufsregal liegen, werden von vielen Genussliebhabern gewünscht.

Deshalb haben sich in Niederkreuzstetten Landwirte zusammengeschlossen und den Verein Gmoabauernlodn gegründet. Ein angemietetes Lokal des zentral liegenden Gemeindehauses – eine Gemeinde ist die *Gmoa* – wurde zu einem ansprechenden Verkaufsladen umgebaut. Die Bauern präsentieren hier ihre Waren gebündelt an einem Ort und haben so eine zusätzliche Vertriebsmöglichkeit zum Ab-Hof-Verkauf. Für die Kunden verbessert sich die Übersicht der verfügbaren Produkte aus der Region und es können mit nur einem Einkauf hochwertige Lebensmittel verschiedener Hersteller erworben werden. Das Konzept der Selbstbedienung und -bezahlung hat sich bewährt, ebenso die Öffnungszeiten an allen sieben Tagen der Woche von morgens bis spätabends. Überwachungskameras unterstützen dieses Modell und erinnern daran, Fairness zu wahren.

Es gilt als schick, sich regionale und auch der Saison entsprechende Nahrung schmecken zu lassen. Sie wird als gesund und unverfälscht angesehen und man sammelt beim Kauf dieser Produkte ganz nebenbei ein paar Gutpunkte für den Klimaschutz. Im Verkaufsladen ergibt eine bunte Mischung an Ess- und Trinkbarem wie Säfte und Öle, Marmeladen und Honigvarianten, frisches Gemüse, Obst oder Fleisch sowie süße und würzige Gustostückerl je nach Jahreszeit ein vielfältiges Sortiment. Originelle Spezialitäten und Handarbeitsprodukte ergänzen den erlesenen Einkaufskorb, und nette Mitbringsel lassen auch Gäste ein Stück Weinviertel mit nach Hause nehmen.

Sollten Sie gerade an einem heißen Sommertag im Ort sein: Hier gibt es ein kleines, feines Freibad, wo herrliche Abkühlung und Erholung unter schattigen Bäumen möglich ist.

28

Ochys Kletterpark
Am Ochsenberg
A-2124 Oberkreuzstetten
+43 (0)664 4989810
www.ochys.at

IN DEN BÄUMEN TRÄUMEN

Ochys Kletterpark

Aus einer völlig anderen Perspektive können die Gäste des Ochys Kletterparks den Wald erleben. Zwischen mächtigen Eichenbäumen sind hoch in den Lüften insgesamt sieben Hochseil-Parcours mit verschiedenen Schwierigkeitsgraden gespannt. Sie bieten in zwei bis zehn Metern Höhe abwechslungsreichen und adrenalinsteigernden Kletterspaß und widmen sich zum Teil thematisch dem Weinviertel.

Nach dem Anlegen und Überprüfen der Kletterausrüstung, die vor Ort ausgegeben wird, und einer gründlichen Einführung wagen sich die Besucher selbständig an die immer schwieriger werdenden Herausforderungen. Sportliche Höchstform ist nicht Voraussetzung, aber zu einem gewissen Grad sollte man trittsicher und schwindelfrei sein, das erleichtert die Mutprobe. Es steht natürlich frei, die einfacheren Touren mehrmals zu begehen und die Bezwinger der ganz wilden Abschnitte vom sicheren Boden aus zu bewundern. Sollte es für einen Teilnehmer kein Vor oder Zurück mehr geben, seilen Guides die Person behutsam ab und niemand muss in den Bäumen hängend die Nacht verbringen.

Wenn Sie aber wirklich unter dem Blätterdach des Waldes zu Bett gehen wollen, stehen dafür einzigartige Waldhütten bereit. Diese vereinen unmittelbaren Naturgenuss und Komfort mit allen Annehmlichkeiten. Die romantischen Behausungen für zwei Personen bieten ein herrliches Doppelbett unter einer großen Glasfläche im Dach, durch die Sie direkt in den Baumhimmel schauen können. Die gute Stube ist auch mit Strom und Wasser ausgestattet, aber diese Ressourcen werden sparsam verwendet und das geniale Prinzip der Komposttoiletten verblüfft so manchen Gast. Das Baumaterial Holz und die Dämmung aus Hanf verbreiten ein wohltuendes Raumklima, das sich ebenso in den größeren Waldcamphütten für Gruppen mit je 20 Liegeflächen wiederfindet.

Der Name Ochys entstammt der keltischen Sprache und bedeutet »erhöhter Ort«. Tatsächlich befindet sich der Kletterpark auf einer Hügelkuppe, die von einer 4.000 Jahre alten Ringwallanlage umgeben ist.

29

Fossilienkeller Ullmann
Kellergasse, Treffpunkt für Führungen wird bekannt gegeben
A-2124 Oberkreuzstetten
+43 (0)2263 8595
www.fossilienkeller.at

Weingut Hubert Ullmann
Hauptstraße 176
A-2124 Oberkreuzstetten
+43 (0)676 6009540
www.weinbau-ullmann.at

FOSSILIEN UND KELLER-ARCHITEKTUR

Fossilienkeller Ullmann

Wie kommt es, dass gerade im Weinviertel unzählige unterirdische Kellergänge gegraben wurden? Der Grund liegt zu unseren Füßen, genauer in der Beschaffenheit des Bodens. Eine oft meterdicke Schicht aus Löss erleichtert durch ihre feine und doch bombenfeste Struktur das Anlegen solcher Lagerräume unter der Erde. Die Ursprünge dieses geologischen Aufbaus führen bis in die letzte Eiszeit zurück. Damals wurde Gesteinsmaterial im Alpengebiet von Gletschern zermahlen, durch Schmelzwässer in die Ebenen transportiert und nach Abtrocknung durch Stürme dünenartig in das Weinviertel geweht.

Im Fossilienkeller in Oberkreuzstetten lassen sich die Schichten von Ablagerungen seit der letzten Eiszeit eindrucksvoll erkennen. Der Besitzer Alois Ullmann baute zwei bereits verfallende Keller um ein Vielfaches aus, schuf geschwungene Verbindungswege und stimmungsvolle Räume mit Kuppelgewölbe, die mit wundersamem Kerzenlicht erleuchtet sind. Bei Besichtigungen – nach telefonischer Voranmeldung – führt er gerne durch die Kellergasse und erklärt die vielen händischen Arbeitsschritte, die für seine Um- und Ausbaumaßnahmen dieser faszinierenden Unterwelt notwendig waren. Bei einem Gläschen Wein begeistert besonders die dekorative Einbindung versteinerter Meeresbewohner aus der Zeit vor 17 Millionen Jahren. Umfangreiche Funde an Fossilien und steinzeitlichen Werkzeugen aus der unmittelbaren Umgebung haben hier ebenfalls einen eigenen, würdigen Raum erhalten.

Diese ausnehmend hübsche Kellergasse nimmt an einer Wegkreuzung, die um eine kleine Grünfläche mit Presshaus liegt, ihren Anfang. In Anlehnung an den größten Verkehrsknotenpunkt in Wien wurde sie Praterstern benannt. Wie in der Bundeshauptstadt findet sich auch hier, zwar in Miniaturform, ein Riesenrad.

Direkt am Oberkreuzstetter Praterstern erwartet Sie eine nette kleine Buschenschank, nur unweit entfernt lädt der TOP-Heurige Ullmann zu regionalen Speisen und Getränken ein.

30

Café Harlekin
Bahnstraße 5
A-2130 Mistelbach
+43 (0)2572 2712
www.cafe-harlekin.at

HERR OBER, BITTE!

Café Harlekin

Für das unverwechselbare Flair eines Altwiener Kaffeehauses brauchen Sie nicht in die Bundeshauptstadt pilgern: Sie finden es mitten in Mistelbach. Beim Betreten des Café Harlekin umfängt den Gast sofort das Ambiente einer solchen historischen Institution mit der Geräuschkulisse leiser Gespräche, Zeitungsrascheln und dem Klimpern von Löffeln, die Zucker und Milch in Tassen rühren. Bereits am 1. Jänner 1900 wurde in diesen Räumlichkeiten ein Kaffeehaus eröffnet, zwischenzeitlich diente es als Lebensmittelgeschäft, und seit 1983 führt Familie Kruspel als Inhaber die Tradition mit frischen Ideen fort. Die plüschigen Sitzbänke, stilvollen Holzsessel, Marmortische, dunkle Täfelung und vielen Bilder an den Wänden könnten authentischer nicht sein.

Ein nicht zu unterschätzender Vorteil ist die durchgehend warme Küche: Bis zur Sperrstunde kann man frisch zubereitete Hauptspeisen genießen. Der Inhaber kommt der flexiblen Lebensweise seiner Besucher entgegen und bietet daher bis in den frühen Abend Frühstück in vielerlei Varianten an. Ein aktuelles und umfangreiches Pressesortiment, tiefgründige Unterhaltungen, das Genießen der Atmosphäre und die schweifenden eigenen Gedanken lassen Stunden wie im Fluge vergehen …

Auf dem Platz vor dem Eingang steht die Skulptur des wohl berühmtesten Cafetiers von Österreich. Leopold Hawelka, unverkennbar mit ärmelloser Weste, Fliege und Tablett in der Hand, wurde vom Künstler Otto Potsch hier in einer lebensgroßen Figur aus Alteisen verewigt. Der viel besungene Kaffeehausbesitzer verbrachte seine Kindheit und Jugend in Mistelbach, bevor er nach Wien zog und eine Lehre als Kellner begann. In späteren Jahren besuchte er gelegentlich seine Heimatstadt und war gerne Gast im Café Harlekin.

Einen sehr guten Ruf genießt auch das selbst gemachte Eis, welches in vielen Geschmacksrichtungen den Gaumen der Gäste erfreut. Meine Lieblingssorte ist Holunderblüte.

31

Dionysos-Panoramaweg
Startpunkt: Waisenhausstraße 8–16 (Parkplatz)
A-2130 Mistelbach
www.dionysosweg.at

BauernArnt
Winzerschulgasse 50
A-2130 Mistelbach
+43 (0)2572 200481
www.bauernarnt.at

IM RAUSCH DER SINNE

Dionysos-Panoramaweg

Der griechische Gott Dionysos, mit Wein und Genuss verbunden, ist der Namensgeber für einen Rundwanderweg über eine Anhöhe der Stadt Mistelbach. Mit dem Sinneserlebnis »Sehen-Riechen-Schmecken« wird hier Mythos mit Natur und Kunst verknüpft und gipfelt in einem fantastischen Aussichtspunkt beim sogenannten Weinviertelfries, ein außergewöhnlicher Kunstschauplatz mit Bildercollage in einem blau-weißen Container.

Viele Stationen des Pfades sind für Kinder äußerst unterhaltsam. Eine sechs Meter hohe Riesenschaukel erfordert vollen Körpereinsatz beim Schwingen, lässt aber das Gefühl aufkommen, über die Landschaft zu fliegen. Die Fantasie wird beim Begehen eines Pflanzentunnels oder bei einem großen Puzzle aus drehbaren Würfeln angeregt. Je nach Jahreszeit kann an einem Obstspalier mit Kirschen, Äpfeln und Pfirsichen genascht werden, im Herbst reifen im Weinsortenkostgarten die häufigsten Traubensorten des Landes. Auf Picknickplätzen macht das Rasten und Beobachten von Tieren Freude, denn Viehkoppeln mit Ziegen, Schweinen und Federvieh befinden sich direkt am Weg.

Am Ende der Wanderung können noch viele weitere kulinarische Produkte des fruchtbaren Bodens probiert werden. Ein Gemeinschaftsprojekt von Bauern und der Landwirtschaftlichen Fachschule betreibt einen Heurigen und einen Laden mit dem Namen *Bauern-Arnt*, wie man hier mundartlich das Wort »Ernte« ausspricht. Regionale Spezialitäten und eine Vinothek demonstrieren die hohe Qualität der ländlichen Erzeugnisse. Für interessierte Gruppen wird bei Voranmeldung gerne eine Besichtigungstour mit fachlichen Erklärungen und Verkostungen angeboten. Im schönen Innenhof des Heurigen kann man an lauschigen Plätzen entspannt unter der Weinlaube sitzen, während eine Sandkiste und Streicheltiere bei den Kindern für Kurzweil sorgen.

Mistelbach lädt zu einem Besuch des großzügigen Hauptplatzes mit seinem imposanten Rathaus ein. An der Rückseite der hochgelegenen Pfarrkirche können kleine Detektive eine steinerne Kröte suchen.

32

nitsch museum
Waldstraße 44–46
A-2130 Mistelbach
+43 (0)2572 20719
www.nitschmuseum.at

Café Cocktailbar Shepherd's
Waldstraße 44–46
A-2130 Mistelbach
+43 (0)676 9122594
www.shepherds.at

ROT IST MEINE LIEBSTE FARBE

nitsch museum

Haben Sie schon einmal auf einer Leiter stehend ein Zimmer gestrichen und dabei fiel der Farbkübel gegen die Wand? Was nach einem ärgerlichen Missgeschick klingt, wird durch leidenschaftliche Künstlerhände zum atemberaubenden Sinneseindruck.

Die sogenannten Schüttbilder von Hermann Nitsch lassen kaum einen Betrachter ungerührt. Großflächige Formate, auf die er in den ersten Entstehungsjahren teils vor Publikum fast ausschließlich die Farbe Rot schüttete oder spritzte, erregten viele Gemüter und erlangten einen hohen Bekanntheitsgrad. Das Multitalent, seit Jahrzehnten im Weinviertel ansässig, verarbeitete bereits früh die Thematik griechischer Tragödien und religiöser Aspekte in Performances mit Milch, Wein, Blut oder Fleisch – nicht ohne mitunter heftige Reaktionen auszulösen. Diese Aktionen wurden schon früh mit der Kamera festgehalten, die Foto-Dokumentationen werden im Museum gezeigt. Auch den späteren exzessiven und tagelangen Darstellungen des *Orgien Mysterien Theaters*, das einige Male im zwölf Kilometer entfernten Schloss Prinzendorf stattfand, kann filmisch ausschnittsweise beigewohnt werden. Der Vertreter des Wiener Aktionismus wird in den verschiedenen Phasen seines jahrzehntelangen Kunstschaffens gewürdigt, etwa mit seinen musikalischen Kompositionen oder Arbeiten an öffentlichen Gebäuden und Bühnenbildern.

Die Architektur der Ausstellungshallen unterstützt auf grandiose Weise die monumentale, archaische und teils sakrale Wirkung der Exponate. Das ehemalige Fabrikensemble, in dem einst Pflüge hergestellt wurden, bietet nach behutsamen Umbauarbeiten ein helles, luftiges Ambiente für die gelungene Inszenierung der wuchtigen Werke. Diese sind auch international, etwa in Neapel, Paris oder New York, dauerhaft ausgestellt.

Das *Shepherd's*, Café und Cocktailbar über der zentralen Piazza des Museums, verwöhnt Sie in stylischem Ambiente mit einem Ausblick auf die Skyline von Mistelbach bei Snacks und Drinks in großer Vielfalt.

33

Gastwirtschaft Neunläuf
Wienerstraße 4
A-2193 Wilfersdorf
+43 (0)2573 25999
www.neunlaeuf.at

Liechtenstein Schloss Wilfersdorf
Hauptstraße 1
A-2193 Wilfersdorf
+43 (0)2573 3356
www.liechtenstein-schloss-wilfersdorf.at

EINST SCHMAUSTEN HIER PFERDE

Gastwirtschaft Neunläuf

Das Gasthaus Neunläuf hat eine lange Tradition. Es wurde 1908 in Hobersdorf eröffnet und lag damals an der alten Kaiserstraße von Wien nach Brünn. Entlang dieser Verkehrsader des alten Österreich stellten Wirtshäuser für die vielen Fuhrwerke, Postwagen und Reisenden wichtige Stützpunkte dar. Hier florierten Handelsgeschäfte, Neuigkeiten wurden ausgetauscht, und man konnte einkehren oder nächtigen. Das damalige Neunläuf besaß eine Fleischerei sowie drei Fremdenzimmer und einen hohen Stadel, in dem Kutschen Unterstand fanden und Pferde versorgt wurden. Zu besonderen Anlässen, wie an Kirtagen oder bei Festen, spielte darin die Musik auf und fröhliche Tanzpaare drehten sich im Kreis. Nach dem Ersten Weltkrieg übersiedelte der Betrieb ins benachbarte Wilfersdorf, die Träger und Balken des Stadels wurden Stück für Stück am neuen Standort wieder aufgebaut. Heute können Sie in den Sommermonaten unter dieser geschichtsträchtigen Holzkonstruktion Platz nehmen. Sie genießen einen Blick in den Garten mit mächtigen Lindenbäumen, vor Regen oder kühlerem Wetter schützt eine Glasschiebewand und lässt den Blick frei ins Grüne. Der Küchenchef, dessen Urgroßvater dieses Wirtshaus bauen ließ, zaubert aus regionalen Produkten und Kreativität bodenständige Gerichte mit internationalen Einflüssen.

Nur wenige Gehminuten entfernt befindet sich das prachtvolle Schloss Wilfersdorf, das Stammhaus der bis heute bestehenden Linie der Liechtensteiner. Im ersten Stock wird in einer Dauerausstellung die Familiengeschichte präsentiert, welche untrennbar mit dem nördlichen Weinviertel und Südmähren verbunden ist. Ein Heurigenbetrieb verwöhnt Sie in historischem Ambiente, entweder im Schlosskeller oder unter schattigen Bäumen im Hof.

Die Hofkellerei der Stiftung Fürst Liechtenstein befindet sich in Fußnähe zum Schloss. Die Vinothek und der herrschaftliche Weinkeller lädt Besucher herzlich ein.

34

Baumkreis Veltlinerland
Baumkreisweg
A-2192 Kettlasbrunn
+43 (0)664 9747687
www.baumkreis-
veltlinerland.at

AM PULS DER ZEIT

Baumkreis Veltlinerland

Direkt neben der ansteigenden Kellergasse von Kettlasbrunn befindet sich ein Platz mit ausgedehnter Fernsicht. Hier entstand ein Erholungsort, der zur inneren Einkehr und zur Interaktion mit der Natur einlädt. Dem vor einigen Jahren geschaffenen Baumkreis Veltlinerland liegt der keltische Glaube zugrunde, dass aus all den verschiedenen Baumarten genau 21 den einzelnen Zeitabschnitten eines Jahres zugeordnet werden können. Die großen Waldbewohner sind seit jeher ein Ursymbol für das Leben selbst.

Begeben Sie sich nun auf die Suche nach Ihrem Lebensbaum, den Sie aufgrund Ihres Geburtsdatums und der Kennzeichnung vor Ort leicht ausfindig machen können. Ihr pflanzlicher Seelenverwandter ist mit speziellen Eigenschaften bezüglich Wuchs, Standort oder Verwendung beschrieben. Womöglich erkennen Sie Ihre eigenen Charakterzüge und besonderen Stärken wieder? Es ist anregend und aufschlussreich, über die Eigenheiten der einzelnen Baumarten zu lesen und deren Qualitäten auch mit jenen von Freunden oder Verwandten zu vergleichen.

Im Mittelpunkt des Rondeaus befindet sich eine Sonnenuhr, die in die Wiese eingelassen ist. Doch halt – fehlt hier nicht etwas? Vergeblich sucht man nach einem Stab, der seinen Schatten auf die Anzeige wirft. Die Zeitmessung kann hier nur der Betrachter selbst auslösen: einfach auf den gekennzeichneten Punkt am Boden stellen und am eigenen Schatten ablesen, wie spät es ist. Wer gut Balance halten kann und eine Weile regungslos ausharrt, kann die Erdbewegung an seiner eigenen dunklen Silhouette erkennen und so hautnah das Verrinnen der Zeit beobachten.

Will man sich dieser unhörbar tickenden Uhr wieder entziehen, lockt ein Spaziergang zum Schauweingarten mit unterschiedlichen Veltliner Sorten, die zur Zeit der Reife auch verkostet werden dürfen.

Ein nettes Presshaus beim Weingarten lädt von April bis Oktober zum Genießen einer kleinen Jause auf Selbstbedienungsbasis ein. Stoßen Sie auf die schönen Momente Ihres Lebens an!

35

Erdstallmuseum
Kapellenberg Althöflein
A-2143 Althöflein
+43 (0)2556 5383
kulturamkapellenberg.
grosskrut.at

Weitere Informationen:
Gemeindeamt Großkrut
Poysdorferstraße 3A
A-2143 Großkrut
+43 (0)2556 7200
www.grosskrut.at

Unter dem Weinviertel

Erdstallmuseum

Das Weinviertel ist eigentlich viel größer, als es auf der Landkarte ersichtlich ist. Alleine die vielen unterirdischen Weinkellerröhren würden eine beachtliche flächenmäßige Erweiterung ausmachen. Und es gibt noch die Erdställe – nein, diese haben nichts mit einem Viehstall zu tun, der Begriff »Erdstall« bedeutet »Stätte oder Stollen unter der Erde«. Es handelt sich um ein von Menschen gegrabenes Schacht- und Gangsystem, dessen Zweck allerdings nicht eindeutig geklärt ist. Zwei Thesen haben sich dazu herauskristallisiert. Einerseits könnte es sich um Kultstätten in Form von symbolischen Leergräbern handeln, andererseits wird angenommen, dass damit für den Kriegsfall Zufluchtsmöglichkeiten geschaffen wurden. Darauf deuten Bauelemente wie versteckte Eingänge, enge Durchschlupfstellen oder Nischen und Bänke in kleinen Räumen hin. Das Überleben dort unten wäre jedoch nur für wenige Personen und auch nur für kurze Zeit möglich gewesen.

In Althöflein verbergen sich im Kapellenberg vier einzelne Erdställe, die vermessen und dokumentiert sind. Auf insgesamt 270 Metern ziehen sich die Gangsysteme durch die Erde, in ganz Mitteleuropa finden sich wohl keine ausgedehnteren Anlagen. Steigluken und Luftschächte verbinden die Stollen und Räume miteinander, die auf zwei Stockwerken angelegt sind. Es wird vermutet, dass sie um das zwölfte Jahrhundert gegraben wurden, und man weiß von der Nutzung als Versteck im Zweiten Weltkrieg. Das Museum ist mit Führung zugänglich und zeigt einen Überblick über den Stand der Forschungsarbeiten. Ein Dokumentarfilm, der Bericht einer Zeitzeugin sowie das Begehen der Stollen lassen den Besucher über dieses Geheimnis weiter Rätsel raten. Gruppen können sich jederzeit für eine Besichtigung anmelden, auf Wunsch mit einer Weinverkostung im Kulturstadl.

Zwei Aussichtstürme laden in der Nähe zum grandiosen Blick ins Land ein: in Altlichtenwarth am Hutsaulberg in der Hutsaulbergstraße und in Großkrut in der Wartbergwarte.

36

Kanu-Anlegeplatz an der March
Marchstraße, bei der Marchbrücke
A-2273 Hohenau an der March
+43 (0)699 12939869
(Kanuverleih »Kanu-Ferl«)
www.kanu-ferl.at

Buschenschank Nossian
Adamstal
A-2273 Hohenau an der March
+43 (0)664 1841023
www.buschenschank-nossian.at

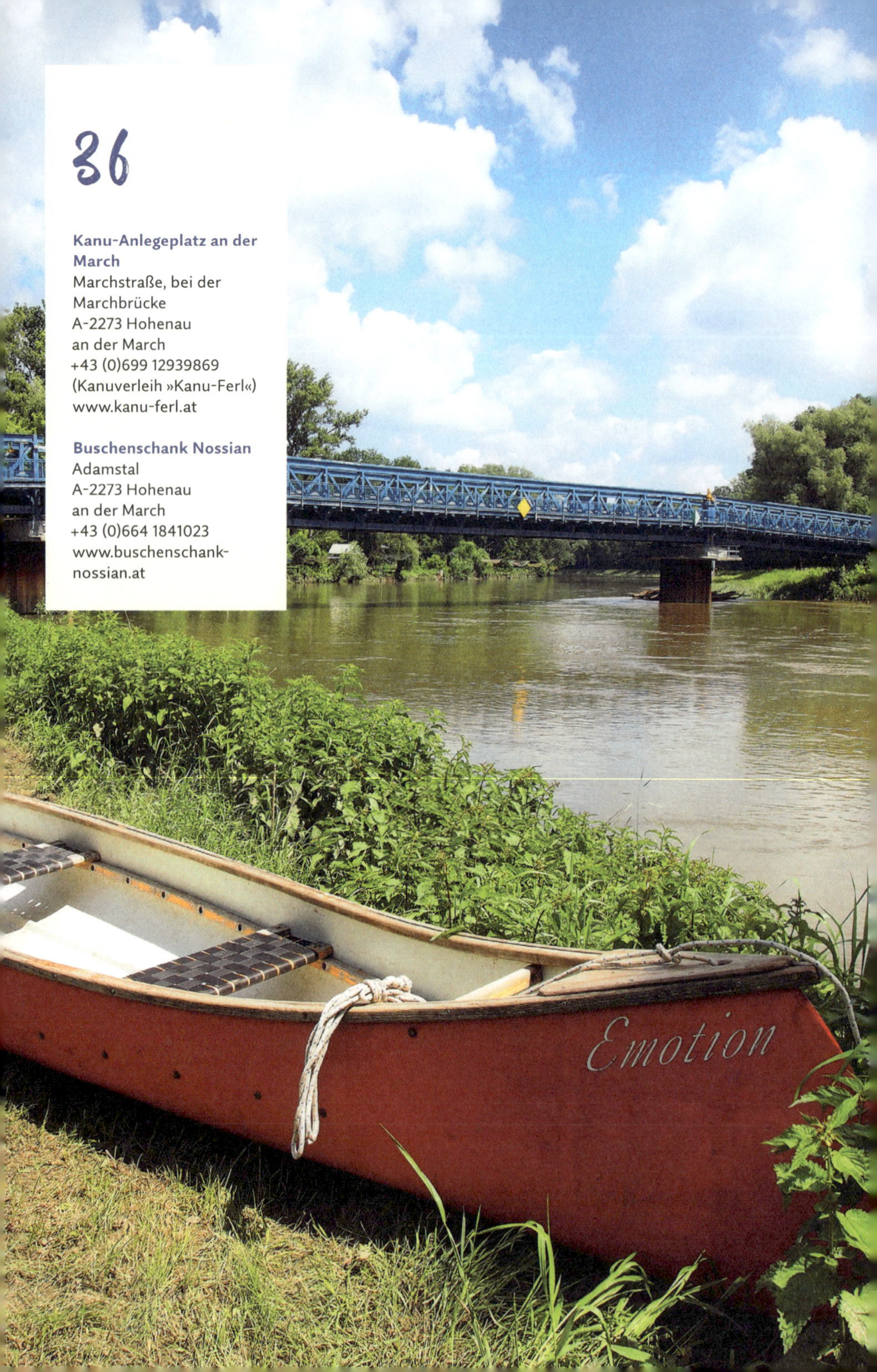

LAUTLOS DAHINGLEITEN

Kanu-Anlegeplatz an der March

Sie steigen in das schaukelnde Kanu, stoßen sich mit den Paddeln vom Ufer ab und tauchen wortwörtlich in eine andere Welt ein. Die Strömung des Flusses umfängt das Boot und nimmt es als Teil von sich auf. Nun gilt es, nur noch sanft unterstützend mit dem Paddel den Kurs zu halten und zu genießen. Schon bald richtet sich die Aufmerksamkeit auf das leise Rauschen des Wassers und die vorbeigleitende Urwaldlandschaft.

Dieses besondere Naturerlebnis ermöglicht der »Kanu-Ferl«. Der »Weinviertler Indianer« vermietet eine Vielzahl an Booten und berät Sie je nach Abenteuerlust zu den verschiedenen Touren. Sie können sich dem Geschehen am Fluss entspannt hingeben, Organisatorisches wie der Transport der Ausrüstung oder die Rückfahrt zum Ausgangspunkt wird übernommen. Warum nicht eine siebenstündige Tour vom tschechischen Břeclav nach Hohenau machen? Dabei lernen Sie anfangs die March in einem städtischen Hochwasserschutz-Bachbett umgeben von Ziegelwänden kennen, die sich dann zu einem breiteren Fluss in fruchtbaren Ebenen ausdehnt und auf dem letzten Teil der Strecke durch einen dschungelähnlichen Auwald windet. Sie können auch in Hohenau starten und in einer Genusstour, die sehr gut für Anfänger geeignet ist, bis nach Dürnkrut oder Angern dahingleiten. Proviant und Trinkwasser sollten die Neo-Kanuten im Gepäck haben, einige Sandbänke und Strände laden förmlich zu einem Picknick ein.

Besonders in der Abenddämmerung kommen Wildtiere oftmals aus der Deckung. Biber, Rehe und Füchse können am Ufer entdeckt werden, Reiher, Störche oder Seeadler ziehen ihre Runden am Himmel. Bei einer Zwei-Tages-Tour stehen für echte Abenteurer einige Campingplätze bereit, teils sogar in freier Natur direkt am Wasser. Kleiner Adler, großer Bär: Die Wildnis ruft euch!

Einkehrmöglichkeit gibt es an den March-Ufern kaum, aber in Hohenau lädt die Buschenschank Nossian zu einer herzhaften Jause ein. Entweder im Schatten der Platanen oder im gemütlichen Presshaus.

37

Eisenbahnbrücke über den Landschaftsteich
Am Teich
A-2275 Bernhardsthal

Informationen:
Gemeindeamt Bernhardsthal
Hauptstraße 65
A-2275 Bernhardsthal
+43 (0)2557 8800
www.bernhardsthal.gv.at

Teichstüberl
Am Teich 222
A-2275 Bernhardsthal
+43 (0)699 12695969

Gesellenstück des Baumeisters

Eisenbahnbrücke über den Landschaftsteich

Jede größere Wasserfläche stellt im Weinviertel eine Besonderheit dar, und mit 25 Hektar hält der Landschaftsteich in Bernhardsthal aufgrund seiner räumlichen Ausdehnung die unangefochtene Spitzenplatzierung. Bereits im Mittelalter wurden hier urkundlich Teiche erwähnt, diese sind im Laufe der Geschichte zur Landgewinnung immer wieder trocken gelegt und nach Bedarf geflutet worden, zuletzt nach einer Sanierung im Jahr 2008. Trotz Badeverbotes entstand ein herrlicher Naherholungsraum, am Ufer befinden sich nette Rastplätze, eine Jausenstation und sogar ein Tretbootverleih.

Diese Idylle wird ab und zu von einem unerwarteten Geräusch unterbrochen. Ein Personen- oder ein Güterzug rauscht über den Teich. Über ein Viadukt verläuft der Schienenstrang der Nordbahn, die Wien mit Prag oder Warschau verbindet. Die Ziegelbrücke im Wasser ist das älteste erhaltene Bahnbauwerk Österreichs und weist einen großen und zwei kleine Rundbögen auf. Ein berühmter Architekt zeichnet hierfür verantwortlich: Carl Ritter von Ghega, der auch die grandiosen Überführungen der Semmeringbahn entworfen hat – diese war 1854 die erste Gebirgsstrecke der Welt und wurde zum UNESCO-Weltkulturerbe erklärt. Die Konstruktion über das Gewässer in Bernhardsthal entstand rund 15 Jahre früher und genießt vor allem bei Liebhabern von Dampfrössern einen hohen Stellenwert.

Bereits 1830 erfolgte der Baubeginn der Kaiser-Ferdinands-Nordbahn als Verbindung nach Krakau und ließ alsbald die erste Dampfeisenbahn im Kaisertum Österreich durch das Weinviertel schnaufen. Der Bahnhof Bernhardsthal ist davon die letzte inländische Station, der nächstgrößere Knotenpunkt Lundenburg/Břeclav liegt acht Kilometer entfernt auf heute tschechischem Gebiet.

Das Teichstüberl mit herrlichem Seeblick verköstigt von Freitag bis Sonntag und an Feiertagen mit hausgemachten, liebevoll angerichteten Heurigenschmankerln, die Blutwurst ist hier besonders begehrt.

38

Barfußweg
Startpunkt: Beim Gemeindeamt (Hauptstraße 25)
A-2172 Schrattenberg
www.barfussweg.at

Weitere Informationen:
Gemeindeamt Schrattenberg
Hauptstraße 25
A-2172 Schrattenberg
+43 (0)2555 2345
www.schrattenberg.at

FREI DIE GRENZE ÜBERSCHREITEN

Barfußweg

Barfuß gehen ist bekanntlich gesund, hier in Schrattenberg erleben dabei Besucher jeden Alters zusätzlich Spaß und Kurzweil. Vom Gemeindeamt gelangen Sie in rund zehn Gehminuten zur Jausenstation *Berti Hütte*, dem Beginn des fünf Kilometer langen Pfades, auf dem große und kleine Wanderer elf unterhaltsame Stationen genießen können. Abwechslungsreiche Sinneseindrücke bei verschiedenen Geschicklichkeitsparcours oder Gedächtnisübungen sorgen für Schwung und Gelächter. Der Weg führt grenzüberschreitend in die Tschechische Republik zur Reistenkolonnade, einem Bauwerk im Stil einer Gloriette, sowie zum Dreiländeraussichtspunkt, mit atemberaubender Sicht auf Weinterrassen und zur UNESCO-Weltkulturerbe-Region von »Valtice-Lednice«. Hier dürfen Sie sich so richtig im Herzen Europas fühlen. Ein Museum über die Geschichte des Eisernen Vorhanges dokumentiert den Arbeitsalltag der Grenzwache und zeigt technische Ausrüstungsgegenstände dieser Zeit, beim Druidentor ist das Eintauchen in die Welt der alten Kelten möglich. Auf der gesamten Strecke befinden Sie sich in einer äußerst begünstigten Weingegend, die der Toskana ähnelt und hervorragende Rotweine gedeihen lässt. Am Ende des Rundweges genießen Eltern eine Stärkung bei der *Berti Hütte*, während die Kinder sicher noch den großen Abenteuerspielplatz erkunden wollen.

Besonders interessant ist die ehemalige enge Verflechtung dieses Gebietes beiderseits der heutigen Grenze. Bei Führungen vom Winzerhof Schwarz wird anschaulich erklärt, wie einst das überwiegend deutschsprachige Valtice/Feldsberg als kulturelles und wirtschaftliche Zentrum glänzte und jäh durch den Eisernen Vorhang abgetrennt wurde. Gerne werden auch Traktorfahrten, auf Wunsch mit Imbiss und Weinverkostung, organisiert.

Die Schaumühle Schrattenberg zeigt originalgetreu, wie das Mahlen von Getreide einst vor sich ging. Gegen Voranmeldung kann die technische Errungenschaft von 1921 in Betrieb besichtigt werden.

39

Nonseum – Museum für unbrauchbare Erfindungen
Friedhofstraße 2a
A-2171 Herrnbaumgarten
+43 (0)2555 2737
www.nonseum.at

Labyrinthkeller Umschaid
Hauptstraße 49
A-2171 Herrnbaumgarten
+43 (0)664 9956014
www.umschaid.at

SCHACHMATT – PROST!

Nonseum – Museum für unbrauchbare Erfindungen

Es ist doch schön, wenn andere Zeitgenossen ihre Gehirnwindungen mit Feuereifer für Erfindungen einsetzen, die absolut niemandem nützen. Oder um schlicht qualitativ hochwertigen Nonsens zu produzieren. Somit können alle seriös ernsthaften Menschen das oft untrainierte Schmunzeln üben und die Ressourcen des eigenen Oberstübchens weiterhin den Zahlen, Fakten und gesellschaftlich anerkannten Tätigkeiten widmen.

Eine Gruppe von quer, schräg und abgrundtief denkenden Männern rief 1984 zur »1. Österreichischen Nonsens-Erfindermesse« auf und gründete nach vielen Verrücktheiten den Verein zur Verwertung von Gedankenüberschüssen. Ihre unerschrockenen Bemühungen für Unsinniges wurden durch die Eröffnung eines eigenen Museums, nämlich des *Nonseums*, gekrönt. Ein weiterer Höhepunkt war die Erklärung des gesamten Ortes Herrnbaumgarten zu einem offiziell »verruckten Dorf«.

Hier verlangen einzigartige Erfindungen und Alltagshelfer mit dem Prädikat »braucht niemand« den geschätzten Besuchern Umdenken und neue Blickwinkel ab. Die weltgrößte Knopflochsammlung, ein Stoppelfeld, wie es nur im Weinviertel wachsen kann, und Fußballschuhe mit Fadenkreuz-Zielvorrichtung zur effektiven Unterstützung des österreichischen Fußballs befinden sich in dieser nordöstlichsten Ecke der Alpenrepublik. Ein Weinschachspiel möchte aus Gläsern, die stellvertretend für die Figuren am Brett stehen, in vollen Zügen genossen werden. Auch an Themen des profanen Alltags versuchte sich die Erfindergruppe und stellt zur Erhöhung der Treffsicherheit am Männerabort griffige Hilfsmittel vor oder unterstützt diejenigen, die eine Suppe auslöffeln müssen. Nach so vielen Überraschungsmomenten entspannt der Sockenwanderweg, wo Hundertschaften von Einzelsocken fröhlich flatternd auf neue Singles warten.

467 Schritte entfernt lockt unter der Erde eine weitere Sensation. Hier wurden die Gebeine des letzten original k. u. k. Doppeladlers im sagenumwobenen Labyrinthkeller gefunden.

40

Eisenhuthaus
Oberer Markt 10
A-2170 Poysdorf
+43 (0)2552 40202
www.eisenhuthaus.com

Weitere Informationen:
Tourismuszentrum Vino Versum
Brünner Straße 28
A-2170 Poysdorf
+43 (0)2552 20371
www.vinoversum.at

DAS ÄLTESTE HAUS DER STADT

Eisenhuthaus

Das stilvoll restaurierte Eisenhuthaus im Zentrum des Ortes hat schon einige Jahre auf dem Buckel. Manche Bauteile des Renaissancegebäudes lassen sich auf das 13. Jahrhundert zurückdatieren, das Haus selbst steht laut der Ortschronik bereits seit 1540. Völlig verfallen und vor dem Abriss stehend, hat Winzer Wolfgang Rieder hier ein Herzensprojekt verwirklicht und in über dreijähriger Bauzeit ein Schmuckkasterl entstehen lassen. Rund 30.000 Arbeitsstunden haben dieses für das Stadtbild prägende Bauwerk neu erstrahlen lassen. Viel Handarbeit war nötig, um dem Denkmalschutz gerecht zu werden und möglichst viele Originalteile zu erhalten.

Heute genießen es Einheimische und Gäste, im wunderbaren Arkadenhof eine der vielen Frühstücksvarianten zu verspeisen. Die hauseigene Backstube liefert Süßes und Herzhaftes für puren Genuss aus dem Veltliner Land, und ab Mittag verlocken die Weinviertler Happen zu einer stilvollen Mahlzeit. Während kulinarische Köstlichkeiten den Gaumen beleben, erfreut sich das Auge am beeindruckenden Ambiente aus Alt und Neu. Gästezimmer im historischen und im modernen Teil des geschichtsträchtigen Hauses bieten genussvolle Übernachtungsmöglichkeiten im hübschen Städtchen Poysdorf, wo es viel zu entdecken gibt. Erlebnisführungen durch die schönsten Winkel des Ortes, auch in nächtlicher Dunkelheit bei Kerzenschein, oder Ausfahrten auf dem Traktoranhänger in die Weinrieden sind äußerst beliebt. Das Museum *Vino Versum* erzählt vom Weinmachen, von Dörfern ohne Rauchfang und einer Treckerfahrt nach St. Petersburg, die natürlich mit einer Weinlieferung verbunden war. Sollte Ihnen der Begriff Saurüssel kulinarisch ein wenig eigenartig vorkommen: Fragen Sie in Poysdorf nach, dahinter verbirgt sich ebenfalls fast Vergessenes.

Das Vino Versum ist das touristische Zentrum der Weinstadt und nicht nur der Ausgangspunkt für großartige Erlebnisse, sondern verfügt auch über eine bestens sortierte Vinothek.

41

Kellergasse Radyweg
A-2170 Poysdorf

E-Bike-Verleih »rad-WERK-W4«
Brünner Straße 28
A-2170 Poysdorf
+43 (0)670 6020125
www.radwerk-w4.at

MIT DEM E-BIKE DURCH DIE GASSN

Kellergasse Radyweg

Der Radyweg ist nur eine der märchenhaften Kellergassen Poysdorfs. Sie können dieses Kleinod sowie die Besonderheiten der näheren Umgebung ganz bequem erleben, indem Sie ein Elektrofahrrad leihen und sich von Guides zu den bezauberndsten Orten geleiten lassen.

Jeder Gast erhält ein für seine Körpergröße entsprechendes E-Bike und nach einer kurzen theoretischen Einweisung zur Handhabung geht es auch schon los. Sie radeln unter kundiger Führung an lieblichen Presshäusern vorbei, teils unter schattigen Bäumen, über Weinrieden zu den charmantesten Winkeln der Nachbarorte. Mit dem unterstützenden Antrieb ist ein durchschnittliches Tempo von 17 bis 20 Stundenkilometern möglich, sodass auf der zweistündigen Runde genug Zeit bleibt, um zu verweilen und die Aussicht zu genießen. Lauschen Sie dabei Geschichten, Anekdoten und Sagen aus der Region, und erfahren Sie Wissenswertes über den Weinbau vergangener Tage bis zur heutigen Winzerkultur. Abschließend klingt das Erlebnis bei einem Achterl Wein gemütlich aus.

Der Radyweg will auch zu Fuß bei einer Kellergassenführung erkundet werden (Anmeldung beim Tourismuszentrum Vino Versum), bei der Sie vielleicht ganz genau auf die Unterschiede der schmiedeeisernen Schlösser an den Holztüren achten möchten. Einige davon werden für die Besucher geöffnet, um in unterirdische Schauräume mit überraschenden Inszenierungen zu gelangen. Hier wird beim »Klangerwecken« auf Weinfässer oder Flaschen getrommelt, was in der speziellen Akustik besonders mystisch wirkt. Beim »Bilderschlummer« erahnen Sie durch Tasten, Riechen und Hören Verblüffendes und eine Kellersanduhr rieselt gemächlich vor sich hin. Wenn Sie bleibende Spuren hinterlassen wollen, ritzen Sie im »Löss-Gästebuch« auf den beleuchteten Wänden der Kellerröhre ein Symbol oder Ihre Initialen ein.

Sehr nett ist eine geführte Winzertour per E-Bike zu einem Weingut inklusive Verkostung, oder Sie erkunden auf eigene Faust mit Leihrädern die Umgebung und Gastronomiebetriebe.

42

Burgruine Falkenstein
Von der Touristeninformation dem ausgeschilderten Weg zum Parkplatz der Burg folgen
A-2162 Falkenstein
www.falkenflug.at

Weitere Informationen:
Informationszentrum Falkenstein
Marktstraße 60
A-2162 Falkenstein
+43 (0)2554 85340
www.falkenstein.gv.at

Eine Galeere im Gemäuer

Burgruine Falkenstein

Von den einst wehrhaften Weinviertler Burgen ist heute nicht mehr viel übrig, in Falkenstein jedoch ziert eine eindrucksvolle Ruine die Landschaft. Im 11. Jahrhundert gegründet, von wechselnden Besitzern bewohnt und immer wieder umgebaut, wurde dieser Adelssitz 1645 von den Schweden erobert. Die Heerscharen aus dem Norden kämpften zur Zeit des Dreißigjährigen Krieges als Verbündete der Protestanten gegen die habsburgischen Truppen und zerstörten dabei die Burgen in Staatz und Korneuburg. Die Festung Falkenstein verfiel erst gegen Ende des 17. Jahrhunderts.

Bei einer Besichtigung der Ruine Falkenstein, am besten mit Führung, lebt die bewegte Zeit rund um die alten Gemäuer wieder auf. In einem gut erhaltenen Gewölbe aus dem 13. Jahrhundert, das einst dem Gesinde als Wohnstatt diente, können Besucher viele Gebrauchsgegenstände der damaligen Zeit bestaunen. Eine weitere Ausstellung beschreibt das Schicksal der Hutterer, einer Religionsgemeinschaft, die wegen ihres Glaubens als Ketzer in einem Verlies auf der Burg eingesperrt wurden. Aufgrund eines Gerichtsspruches mussten die männlichen Verurteilten als Galeerensträflinge zu Fuß nach Triest marschieren. Der maßstabgetreue Nachbau eines solchen Holzschiffes kann im Burghof besichtigt werden und animiert besonders Kinder zu einer ausgiebigen Erkundungstour.

Der Ort Falkenstein selbst ist malerisch und geschichtsträchtig zugleich. Ein 1309 verfasstes Buch, das *Falkensteiner Bergtaiding*, beinhaltet in 69 Artikeln Bestimmungen zum Weinbergrecht und galt hierzu über Jahrhunderte bis in den südmährischen Raum als wichtige Instanz. Und wie könnte es anders sein: Es gibt in Falkenstein eine Kellergasse, und was für eine! Sie heißt »Oagossn«, weil hier früher unter anderem mit Eiern gehandelt wurde, und ihre Presshäuser sind vielfach bunter als anderswo im Weinviertel.

Ein beschildertes Wandernetz rund um Falkenstein mit vielen Attraktionen freut sich auf Gäste, gerne auch aus Schweden. Kreative Küche genießen Sie im Restaurant *sieben:schläfer*.

48

Riesenschaukel beim Grenzübergang Ottenthal
an der Radroute Iron Curtain Trail
Der Hauptstraße Ottenthals Richtung Norden bis zur Grenze folgen
A-2163 Ottenthal

Weitere Informationen:
Gemeindeamt Ottenthal
Ottenthal 194
A-2163 Ottenthal
+43 (0)2554 8181
www.ottenthal.gv.at

EINMAL HIN, EINMAL HER

Riesenschaukel am Grenzübergang

Mehr als 40 Jahre lang trennte der Eiserne Vorhang Europa in zwei Teile. Bei einer wunderbaren Rad- oder Wandertour von Falkenstein über Ottenthal und weiter ins tschechische Mikulov passiert man die Staatsgrenze. Schilder machen auf den Übertritt aufmerksam und ein kleiner Rastplatz lädt zum Innehalten ein. Hier befand sich vor einigen Jahren ein Kunstprojekt von Michael Kos, welches das Überwinden von Barrieren veranschaulichte: Eine Schiffschaukel direkt an der geografischen Schwelle zu beiden Ländern ermöglichte ein federleichtes Hin und Her zwischen Hoheitsgebieten und Sprachen. Die Installation befindet sich nun rund 50 Meter versetzt in einem kleinen Wäldchen auf österreichischer Seite neben dem Radweg *Iron Curtain Trail.* Sie versinnbildlicht die heutige Reisefreiheit im Gegensatz zur Situation vor wenigen Jahrzehnten, als der Schlagbaum geschlossen blieb oder nur mit peniblen Kontrollen überwunden werden konnte.

Trotz der offenen Grenze ist bis heute entlang dieser Linie das sogenannte Grüne Band sichtbar, welches im Schatten von Stacheldraht und Mauern ein langgezogenes Ökosystem ausbilden konnte. Eine Kette von Naturoasen schlängelt sich von Nord nach Süd durch Europa und bewahrt die Vielfalt von Flora und Fauna in geschützten Bereichen und Nationalparks, häufig entlang von Flüssen mit ihren artenreichen Aulandschaften, aber auch mit Refugien ganz anderer Art.

In der Nähe von Ottenthal liegt das Naturschutzgebiet Zeiserlberg, das bereits 1978 begründet wurde. Sein Trockenrasenbewuchs birgt eine artenreiche Vegetation, wie Steppenveilchen oder Federgräser, welche wiederum seltene Insekten und Vögel anlocken. So fühlen sich hier die Zweifarbige Beißschrecke und Neuntöter, Grauammer und das Europäische Schwarzkehlchen wohl.

Mikulov, zu Deutsch Nikolsburg, ist in kurzer Distanz nach dem Überschreiten der Grenze zu erreichen. Es fasziniert mit italienischem Flair in einer entzückenden Altstadt.

44

Kirchturm am Galgenberg
Von der Kellergasse führt ein kleiner Weg durch den Schauweingarten hinauf zum Turm
A-2164 Wildendürnbach

Weitere Informationen:
Gemeindeamt Wildendürnbach
Wildendürnbach 95
A-2164 Wildendürnbach
+43 (0)2523 8252
www.wildenduernbach.gv.at

Besucherkeller am Galgenberg
Galgenberg
A-2164 Wildendürnbach
www.selbstbedienungskellergalgenberg.jimdo.com

DAS RÄTSEL UM DEN TURMSPITZ

Kirchturm am Galgenberg

Wie ist das möglich? Die Spitze eines Kirchturmes ragt aus der Mitte eines Hügels empor. Das verleitet zu fantasiereichen Vermutungen. Ist hier eine Kirche in den weichen Untergrund eingesunken und wurde vom Erdboden verschluckt? Hat man einen Kirchenbau mit Erdreich zugeschüttet, jedoch insgesamt nicht genug Material zur Verfügung? Oder wurde der oberste Teil eines Turms bei Nacht und Nebel abgesägt und hierher versetzt?

Der wahre Grund ist ein anderer: Das alte Gotteshaus des Ortes Wildendürnbach musste 1971 aufgrund von Baufälligkeit gesprengt werden. Das Gebäude stürzte ein, die Kirchturmspitze blieb jedoch völlig unversehrt. So wurde der standhafte Bauteil auf diese nahe gelegene Erhöhung verfrachtet und darf nun weiterhin die Besucher zu Mutmaßungen über seine Geschichte animieren. Sie erreichen ihn über den Schauweingarten von der Kellergasse aus, den Abstieg können Sie über eine kleine Rutsche verkürzen.

Wir befinden uns hier auf dem Galgenberg, der in Mundart »Golingbir« genannt wird und auf dem bis ins Jahr 1828 das namensgebende Henkersgerüst stand. Dieses diente wohl eher der Abschreckung, denn über die Vollstreckung von Urteilen ist nichts bekannt. Der Hügel ist rundum mit einer langen Reihe von 184 Presshäusern gesäumt, die teilweise in drei Etagen übereinander gebaut sind. Diese berühmte Kellergasse ist eines der beliebtesten Fotomotive des Weinviertels und wurde bereits zur schönsten ihrer Art gekürt. Ein Spaziergang an den weißen Häuschen vorbei ist ein wahrer Genuss und bietet in alle Richtungen wunderbare Fernsicht. Ein Besucherweinkeller hat stets geöffnet, der zu Getränken und kleinen Snacks auf Selbstbedienungsbasis einlädt und auf einem Monitor über Wissenswertes aus der Winzerwelt informiert.

Im Nachbarort Neuruppersdorf lädt ein Seelenwanderweg dazu ein, in der Natur bewusst Stille und Erholung zu erfahren. Startpunkt ist nahe dem Gasthaus Müller bei der Ortseinfahrt.

45

ZART Pralinen
Burgring 17
A-2134 Staatz
+43 (0)664 5933414
www.zartpralinen.at

Burgruine Staatz
Schlossplatz 1
A-2134 Staatz
+43 (0)2524 2212
www.staatz.at

VERFÜHR MICH

ZART Pralinen

Führt man sich die Vielfalt hochwertiger Produkte aus dem Weinviertel vor Augen, würden viele Genussliebhaber nicht sofort an Schokolade denken, dennoch wird diese hier in Weltklassequalität hergestellt. Marieke Wijne-Slop und ihr Mann Emile, beide gebürtig aus den Niederlanden, haben sich in Staatz niedergelassen und fabrizieren mit Leidenschaft einzigartige Pralinen.

Das Paar stellt die erlesenen Süßigkeiten im adaptierten Stadel des geschmackvoll renovierten Bauernhauses von Grund auf selbst her. Die Kakaobohnen werden direkt aus Nicaragua oder Tansania importiert, und die beiden reisen regelmäßig dorthin, um die Produktionsbedingungen zu beobachten und faire Handelspreise zu vereinbaren. Das hochwertige Rohmaterial wird in der eigenen Manufaktur geröstet, gemahlen und zu einer geschmeidigen Masse verrührt. Das kann ein paar Stunden oder bis zu drei Tagen dauern, erst danach erfolgt die Weiterverarbeitung zu Pralinen oder Tafelschokolade. Die Zutaten wie Marillen, Kirschen, Liköre oder sogar Zwiebeln werden von ausgewählten Produzenten der Region geliefert. Alle Verarbeitungsschritte werden mit viel Liebe in reiner Handarbeit vorgenommen, ganz ohne Konservierungsmittel. Die himmlischen Kreationen wie Schokoherzen mit flüssigem Karamell, Pralinen mit Lavendel oder Konfekt mit Weinen der Spitzenwinzer aus der Umgebung wandeln sich stets je nach Saison. Die edlen Erzeugnisse begeistern nicht nur heimische und internationale Konsumenten, sondern erreichen auch regelmäßig Top-Platzierungen bei Wettbewerben der Weltspitze.

Ein kleines, feines Kaffeehaus ist an die Manufaktur angeschlossen. Hier können Sie hausgemachte Mehlspeisen in entzückendem Ambiente oder im Garten genießen und dem Duft von frischer Schokolade erliegen.

Hoch über Staatz thront die Burgruine und lockt viele Besucher an. Zu ihren Füßen befindet sich eine der größten Open-Air-Bühnen Österreichs, die im Sommer mit Musicals bespielt wird.

46

Hanselburg
In einer starken Kurve auf der Landesstraße L3082 zwischen Loosdorf und Frättingsdorf können Sie parken, von dort führt ein Fußweg in wenigen Minuten zur Ruine.
A-2133 Loosdorf bei Fallbach
www.fallbach.gv.at

Biobeerengarten Hummel
Loosdorf 95
A-2133 Loosdorf bei Fallbach
+43 (0)676 4239060
www.biobeerengarten.at

BÄRIG UND BEERIG

Hanselburg bei Loosdorf

Auch wenn sie im geschichtlichen Sinne nicht »echt« ist, die Ruine der Hanselburg ist ein lohnenswertes Ziel für einen Ausflug mit Kindern. Rund einen Kilometer von Loosdorf entfernt eröffnet sich auf einer kleinen Waldlichtung das Mauerwerk eines scheinbar verfallenen Burgturmes, einiger Mauern und Gebäudefragmente.

Die Stätte an sich ist höchst historisch, schließlich befinden wir uns auf einem imposanten Hausberg, der als Erdwerk mit ehemaligen Wällen und Gräben ringsum bereits als mittelalterlicher Herrensitz diente. Dieser wurde mit den Jahren jedoch von der Herrschaft aufgegeben, aber um 1800 erwachte dieser Platz zu neuem Leben. Fürst Johann I. von Liechtenstein oder anderen Quellen zufolge seine Gattin ließ hier eine Fantasie-Ruine als Jagdpavillon und Jausenstation errichten. Der Name Hanselburg ehrt den fürstlichen Johann, dem mit diesem Bauwerk ein denkwürdiges Namenstagsgeschenk gewidmet wurde. Nach erfolgreicher Pirsch auf großes oder kleines Waldgetier hielten wohl er und seine illustre Gesellschaft bei den auf alt getrimmten Gemäuern ein zünftiges Gelage ab. Auch heute kann auf einem kleinen Picknickplatz vor der Ruine wie anno dazumal eine Jause aus dem eigenen Rucksack eingenommen werden.

Eine weitere Stärkung für kleine und große Wanderer ist direkt im Ort Loosdorf beim Biobeerengarten Hummel möglich. Seit drei Jahrzehnten wird hier verschiedenstes Beerenobst angebaut. Je nach Jahreszeit reifen Himbeeren und Maibeeren, Heidelbeeren und Goldbeeren oder die einmaligen Weinviertler Kiwis und Gojibeeren. Der Bauernhof, die Obstanlagen und der Hofladen können besichtigt werden und bei Führungen erfährt man allerlei über die Welt der kleinen Früchte. So schmeckt der Sommer im Weinviertel richtig beerig!

Der Künstler Tassilo Blittersdorf hat die Hanselburg in Miniaturform nachgebaut, sie kann im Zentrum von Loosdorf bestaunt werden. Eine nette Einkehr bietet der Winkelauer Hof mit großem Spielplatz.

47

Schloss Loosdorf
Loosdorf 1
A-2133 Loosdorf bei Fallbach
+43 (0)2524 8222
www.schloss-loosdorf.at

SOLDATEN IN DER PORZELLANKISTE

Schloss Loosdorf in Loosdorf

Etwas erhöht über dem Ort, umgeben von einer gepflegten Parkanlage, liegt Schloss Loosdorf. Ursprünglich eine der ältesten Wehrbauten Niederösterreichs, geht die heutige Form des Anwesens auf Renovierungen und Erweiterungen der Fürsten von Liechtenstein gegen Ende des 18. Jahrhunderts zurück. Eine imposante Freitreppe und ein romantischer Landschaftsgarten entstammen ebenfalls dieser Zeit. 1834 ging der Prachtbau an die aus Italien stammenden Grafen Piatti, deren Nachkommen bis heute die Gebäude bewohnen und auch eine biodynamisch geführte Landwirtschaft betreiben.

Graf Ferdinand Piatti, verstorben 1980, war leidenschaftlicher Sammler von Zinnfiguren und erwarb über die Jahre stolze 14.000 Stück der minutiös gearbeiteten Exemplare. Schloss Loosdorf ist damit im Besitz einer der größten privaten Sammlungen dieser Art in Österreich. In einer Ausstellung werden die Figuren gekonnt in Szene gesetzt: Mit profundem Fachwissen wurden in Schaukästen historische Schlachten und denkwürdige Ereignisse mit möglichst naturgetreuer Nachahmung des Schauplatzes erstellt.

Eine weitere Attraktion ist das sogenannte Scherbenzimmer. Dieser Prunkraum ist seit 1945 unverändert und erinnert noch heute an die sinnlose Gewalt von Kriegen. Zu sehen sind die Überreste einer wertvollen Porzellansammlung aus China und Japan, heruntergerissene Tapeten und ein Wegweiser in kyrillischer Schrift. Das Schloss diente in der Besatzungszeit russischen Soldaten als Stützpunkt. Auf der Suche nach Wertgegenständen zerschlugen sie fast alles Porzellan, obwohl dieses gegen Kriegsende von der Familie Piatti in einem Versteck eingemauert wurde. Die später in großen Mengen aufgefundenen Scherben sind nun sortiert und nach Manufakturen geordnet zu besichtigen.

Kürzlich entwickelte sich ein japanisch-österreichisches Freundschaftsprojekt, genannt HOPIMARI, bei dem ein japanisches Forscherteam versucht, die Scherben bestmöglich wieder zusammenzufügen.

48

Pfarrkirche zum Heiligen Lambert
Kirchenberg
A-2133 Fallbach
www.erzdioezese-wien.at

Bäckerei Öfferl
Gaubitsch 15
A-2154 Gaubitsch
+43 (0)2522 88337
www.oefferl.bio

EINSAM UND RÄTSELHAFT

Pfarrkirche zum Heiligen Lambert

Der Blick im Weinviertel streift in allen Richtungen meist sanfte Hügelwellen unter einem sehr weiten Himmel. Die Dörfer sind in die Mulden geschmiegt, kaum eine Turmspitze ragt über den Horizont. Nur einige wenige Wallfahrtskirchlein und die alten Burgen wurden weithin sichtbar auf den Erhöhungen errichtet. Umso überraschender sticht auf dem Weg zum Ort Fallbach ein Bauwerk ins Auge, das wie ein Fingerzeig einsam gen Himmel ragt.

Auf 248 Metern – ja, das reicht hierzulande vollkommen für eine grandiose Rundumsicht aus – thront die Pfarrkirche zum Heiligen Lambert, das zugehörige Dörfchen liegt wesentlich tiefer und macht den wöchentlichen Gang zur Messe durch den steilen Aufstieg zum kreislauffördernden Ereignis. Frühere Historiker erwähnten bestehende Erdwälle an dieser exponierten Stätte oder einen unterirdischen Gang bis ins Dorf hinunter, davon ist heute jedoch nichts mehr zu bemerken. Auch könnte hier ehemals eine Grenzfestung gegen die Slawen oder ein frühmittelalterlicher Hausberg gestanden haben, aber dies sind lediglich Vermutungen. Die ursprüngliche Nutzung und Bedeutung des Platzes gibt Forschern nach wie vor viele Rätsel auf. Der markante Sakralbau lässt sich zum Teil in das 14. Jahrhundert datieren, hat den Charakter einer Wehrkirche und ist von einem Friedhof und einer Mauer umgeben. Diese soll früher wesentlich höher gewesen sein und zudem Zinnen und Schießscharten enthalten haben.

Im Altarraum ruft eine Inschrift tragische Geschehnisse in Erinnerung: »Anno 1718, 20.5. erschlug der Blitz den Schulmeister und einen Buben beim Wetterläuten«. Man braucht nicht viel Fantasie, um das zuckende Wetterleuchten vor dem aufziehenden Gewitter und die Glockentöne im Sturm an diesem mystischen Ort auferstehen zu lassen.

Wer sich jetzt wieder erden will, fährt in den Nachbarort Gaubitsch und genießt handgemachtes Öfferl-Brot, das mittlerweile ein Exportschlager nach Wien geworden ist.

49

Kellerdorf Loamgrui
Laaer Straße B6, rund
400 Meter südlich von
Unterstinkenbrunn
A-2154 Unterstinkenbrunn
www.loamgrui.at

Weitere Informationen:
Gemeindeamt
Unterstinkenbrunn
Unterstinkenbrunn 26
A-2154 Unterstinkenbrunn
+43 (0)2526 6361
www.unterstinkenbrunn.at

DORF OHNE RAUCHFANG

Kellerdorf Loamgrui

Eine Szenerie wie aus dem Märchenland tut sich den entzückten Besuchern auf, wenn sie die *Loamgrui* betreten. Ein Ensemble von knapp 60 Miniaturhäuschen erstreckt sich von einem zentralen Platz ausgehend in mehrere Gässchen. Diese außergewöhnliche Konstellation einer Ansiedlung von Presshäusern in Form eines Dorfes stammt aus dem frühen 20. Jahrhundert, der Blütezeit des Weinbaus in der Region, und verfügt sogar über einen eigenen Kellerdorf-Bürgermeister.

Fast jeder Landwirt des Ortes Unterstinkenbrunn kelterte einst seinen eigenen Wein und errichtete an dieser Stelle ein Presshaus mit anschließender Kellerröhre. So entstand mit der Zeit ein Dörfchen neben dem Dorf. Einige der hübschen Gebäude weisen eine Besonderheit auf, denn über dem Eingang in die kühle Unterwelt wurde häufig ein Vordach errichtet, das auf zwei Säulen ruht. Die reizvolle Optik ergibt sich zusätzlich durch das Fehlen von Verblechungen und Schornsteinen. Von diesem Umstand leitet sich die oft verwendete Bezeichnung »Dörfer ohne Rauchfang« für die Weinviertler Kellergassen ab.

Apropos regionale Ausdrücke: Das Wort »Loamgrui« entstammt der mittlerweile aussterbenden lokalen Ui-Mundart und bedeutet »Lehmgrube«. Es weist damit auf die Beschaffenheit des hier vorherrschenden Erdmaterials hin. Die weichen Lehm- und Lössböden eignen sich gut zum Graben von Kellern und zur Herstellung von Ziegeln.

Die kleine Wunderwelt kann durch unter Naturschutz stehende Hohlwege direkt vom Ort Unterstinkenbrunn zu Fuß erreicht werden, Sie können den Spaziergang auch zu einem Rundweg bis zum sogenannten Blauen Kreuz ausdehnen. Sodann ist eine stilgemäße Stärkung bei der Buschenschank Gass möglich, wo Sie diesen Lieblingsplatz noch auf sich wirken lassen dürfen.

Die namensgebende Quelle für Unterstinkenbrunn liegt im Ortszentrum beim Gemeindeamt. Das eisenhaltige Wasser soll früher einen üblen Geruch verbreitet und einen tintigen Geschmack gehabt haben.

50

Gasthaus Herbst
Hanfthal 48
A-2136 Hanfthal
+43 (0)2522 2480
www.gasthaus-herbst.at

Hanferlebnispfad
Startpunkt:
Kirche St. Florian
Hanfthal 64
A-2136 Hanfthal
+43 (0)699 12209256
(Führungen)
www.hanfland.at

HUNGER AUF HANF

Gasthaus Herbst

Das traditionelle Landgasthaus im Ortszentrum verblüfft seine Gäste mit einer Kombination von schlichter Möblierung aus früheren Zeiten und einer exzellenten, in ungeahnte Höhen führenden Geschmacksreise.

Einst diente das Gebäude als Schafstall des Malteser Ritterordens, bis ein findiger Hirte die Erlaubnis zum Getränkeausschank und Ausgabe kleiner Labsale von der Herrschaft erhielt. Dies war die Geburtsstunde des Gasthauses, welches 1928 vom Urgroßvater des heutigen Inhabers erworben wurde. Seit 2015 zaubert nun Koch Matthias Herbst eine kulinarische Palette von alteingesessenen Weinviertler Gerichten bis zu frischen und mutigen Neukreationen. Hochwertige saisonale Produkte aus der nächsten Umgebung und Erzeugnisse der für den Ortsnamen maßgeblichen Hanfpflanze mit ihrem einmaligen Aroma finden sich im Speiseplan. Gelegentlich kommt durchaus vor, dass der Küchenchef höchstpersönlich eine ganze Rindfleischseite aus dem eigenen Reiferaum im Rohzustand vor den staunenden Gästen präsentiert, um die Vorzüge des jeweiligen Stückes noch vor der Zubereitung zu demonstrieren.

Die lange Tradition des Hanfanbaus hat die Bewohner des hübschen Dorfes animiert, sich ganz dieser alten Kulturpflanze zu verschreiben und einen unterhaltsamen Erlebnispfad einzurichten. Dieser führt vom Dorfzentrum bei der Kirche weg und kann mit seinen zwölf Stationen in rund zwei Stunden gemütlich durchwandert oder mit dem Rad befahren werden. Er leitet auch in revitalisierte Kellergassen sowie zum Hanfmuseum, wo Sie die Vielfalt dieser gesunden Produkte verkosten können. Außerdem ist in diesem blumengeschmückten Ort die seltene Siedlungsform eines Rundangers sehenswert, die hier unverbaut in fast ursprünglicher Weise zu bewundern ist.

Äußerst empfehlenswert ist die geführte Hanferlebnistour zu Fuß, per Fahrrad oder mit dem Nostalgietraktor. Anhand der Hanfpflanze wird von kundigen Experten »die ganze Welt erklärt«.

51

Butterfassturm der Burg Laa
Burgplatz 22
A-2136 Laa an der Thaya
www.laa.at

Therme Laa
Thermenplatz 1
A-2136 Laa an der Thaya
+43 (0)2522 84700570
www.therme-laa.at

ALTE BURG IN NEUEM GLANZ

Butterfassturm der Burg Laa

Die Laaer Burg ist trotz ihres beachtlichen Alters ein recht junges Besuchsziel für Touristen und Einheimische. Nach wechselvoller Geschichte fiel die ehemalige Grenzfeste zu Mähren in einen Dornröschenschlaf und wurde vor kurzem durch gelungene Renovierungsarbeiten wieder wachgeküsst.

Sie war in die einst imposante Stadtmauer integriert und steht in der nordöstlichen Ecke des Burgplatzes. Dieses Areal hatte früher noch größere Ausmaße als heute und erstreckte sich bis zum Kirchenplatz und zur Breiten Gasse. Viele Heere haben sich hier in Kriegszeiten versammelt und sind mit allen Ehren in die Schlacht gezogen. 1564 vernichtete ein gewaltiger Brand große Bereiche der Stadt und Burg. Von der ursprünglichen Anlage sind heute noch Teile der Umfassungsmauer erhalten. Einer davon hat eine quadratische Form, der andere wird schon seit langer Zeit wegen seines runden Grundrisses als Butterfassturm bezeichnet. Er sicherte einst das Haupttor, wies hölzerne Wehrgänge auf und kann vom Hof aus durch ein mittelalterliches Spitzbogenportal betreten werden. Nach dem Passieren eines Drehkreuzes führt im Inneren eine steile Treppe über drei Geschosse nach oben, teilweise haben sich romantische Wandmalereien aus dem 19. Jahrhundert erhalten. Der Besucher wird nach dem Aufstieg mit einer weitreichenden Aussicht über die Stadt Laa und das Grenzland zwischen Österreich und der Tschechischen Republik belohnt.

Auch die nur zwei Minuten zu Fuß entfernte Stadtpfarrkirche am Kirchenplatz ist eine Besichtigung wert. Es handelt sich um einen großartigen Bau aus spätromanisch-frühgotischer Zeit aus dem Jahr 1230. Der barocke Hochaltar stellt in einer plastischen Szenerie das Martyrium des Heiligen Vitus dar, dem dieses Gotteshaus geweiht ist.

Kultur und Wellness ergeben eine herrliche Kombination. Die Therme Laa lässt ihre Tages- und Übernachtungsgäste in Thermalwasser und Saunawelten entspannen sowie in Sportbecken und Kinderwelt aktiv sein.

52

Altes Rathaus
Stadtplatz 17
A-2136 Laa an der Thaya
+43 (0)676 7536902
www.suedmaehrisches-heimatmuseum.at

Gasthaus Martin Weiler
Staatsbahnstraße 60
A-2136 Laa an der Thaya
+43 (0)2522 2379
www.weilerlaa.at

GESCHICHTE UND KULINARIK

Südmährermuseum im Alten Rathaus

Die Stadt Laa liegt aufgrund einer Regulierung des Wasserlaufes der Thaya im 19. Jahrhundert nicht mehr direkt am Fluss, wird aber noch vom künstlich angelegten Thayamühlbach durchquert. Infolge von Überschwemmungen und Brandkatastrophen hob sich während der vergangenen Jahrhunderte das Straßenniveau der Stadt beträchtlich an. Dies wird besonders am Alten Rathaus sichtbar, einem der ältesten Bauwerke am Stadtplatz. Um dessen Laubengang betreten zu können, muss man heute einige Stufen hinuntersteigen. Das beinahe 700 Jahre alte Gebäude weist Elemente der Romanik, Gotik und Renaissance auf, die Fassade wurde größtenteils im 19. Jahrhundert erneuert. Es beherbergt das Südmährermuseum und eine Vinothek zu Ab-Hof-Preisen in der schicken Bar *WeinStein*, die auch für ihre erstklassigen kulinarischen Schmankerl bekannt ist.

Das Museum erinnert an das Schicksal der deutschsprachigen Volksgruppe in Südmähren. Ihre Geschichte ist untrennbar mit der Region verbunden. Spielbällen der Weltgeschichte gleich, fanden sich diese Menschen nach dem Ersten Weltkrieg im neu gegründeten Staat Tschechoslowakei wieder, aus dem sie nach dem Zweiten Weltkrieg wiederum gewaltsam vertrieben wurden. Die Ausstellung widmet sich der geschichtlichen Aufarbeitung durch Zeitzeugenberichte und Erklärungen. Sie zeigt Erinnerungsstücke von Brauchtum, Lebensweise und Handwerkskunst der Vertriebenen.

Der beeindruckende Stadtplatz von Laa wartet mit mehreren Sehenswürdigkeiten auf. Das heutzutage als Rathaus genutzte Gebäude ist ein architektonisches Prachtstück von 1899 und sticht unübersehbar mit der reich verzierten Fassade hervor. An seiner westlichen Längsseite findet man die Statue des Prangerhansl mit erhobenem Schwert, ein Denkmal der mittelalterlichen Gerichtsbarkeit und ein Zeichen des Marktrechtes.

Haubenküche können Sie im Gasthaus Weiler genießen. Das Lokal ist für seine Rindfleisch-Spezialitäten berühmt und der Innenhof ist im Sommer ein herrliches Refugium unter alten Bäumen.

58

Pestsäule
Von Großkadolz nördlich Richtung Kellergasse, an der Wegkreuzung nach Seefeld
A-2062 Seefeld-Kadolz
www.marterl.at

Hubertuskapelle Hadres
Am Polt Radweg
A-2061 Hadres

IN STEIN GEMEISSELT

Pestsäule

Bestimmt sind sie den Besuchern des Weinviertels schon aufgefallen: die unzähligen Bildstöcke, Steinkreuze und kleinen Kapellen am Wegesrand, mitten im Feld oder wie hier an der Kellertrift von Kadolz. Rund 4.000 solcher Kleindenkmäler sollen es sein, die sich über die gesamte Region verteilen und im Volksmund meist mit dem Begriff »Marterl« benannt werden. Es sind kleine Bauwerke, welche Menschen im Laufe der vergangenen Jahrhunderte auf eigene Initiative und Kosten als Zeichen des Erinnerns oder der Dankbarkeit errichtet haben.

Diese Gedenksteine von meist unbekannten Urhebern erzählen von der Geschichte des Landes oder der Ortschaft, manchmal gedenken sie auch eines einzelnen Menschenschicksals. Oft mit weißer Kalkfarbe angestrichen und teils immer noch mit frischen Blumen oder brennenden Kerzen geschmückt, berichten sie vom freudigen Wiedersehen mit einem Heimkehrer, von einer überstandenen Krankheit oder dienten vielerorts als Wegweiser. Vor allem die religiös motivierten Bildstöcke wurden auch von späteren Generationen aufgesucht, um in Krisenzeiten Trost und Hilfe zu erbitten.

An der Wegkreuzung der Kellertrift von Kadolz und der Straße nach Seefeld steht eine spätgotische Säule aus Sandstein mit verschiedenen Verzierungen und Einkerbungen. Dieses Kleindenkmal ist als Pestsäule bekannt und erinnert an das Überwinden der todbringenden Seuche. Am oberen Teil des Schaftes blicken steinerne Gesichter mit Lockenpracht und Vollbart ernst in die Landschaft. Darüber finden sich am quadratischen Aufsatz auf allen vier Seiten biblische Reliefdarstellungen, die aus der ersten Hälfte des 16. Jahrhunderts datieren. Wenn Sie hier länger verweilen möchten, bietet sich gleich daneben ein kleiner Imbiss in der Radlerrast mit Selbstbedienung an, geöffnet von April bis Oktober.

Der Nachbarort Hadres wartet mit der längsten Kellergasse des Weinviertels auf, sowie mit einem fantastischen Aussichtspunkt am Rad- und Wanderweg beim Freiheitskreuz neben der Hubertuskapelle.

54

Altwarenhandel Hansi Hörmann
Großkadolz 22
A-2062 Seefeld-Kadolz
+43 (0)676 6005769
www.kultur-und-gut.webnode.at

Weitere Informationen:
Gemeindeamt Seefeld-Kadolz
Seefeld 39
A-2062 Seefeld-Kadolz
+43 (0)2943 2201
www.seefeld-kadolz.at

Alles hat seine Geschichte

Altwarenhandel Hansi Hörmann

Jedes Objekt hat eine Seele im Reich der Altwaren von Hansi Hörmann. In zwei großen Gebäuden, teils mit Stockwerk, ist eine riesengroße Sammlung an Gebrauchsgegenständen und Gerätschaften aus früherer Zeit entstanden. Fein säuberlich nach Themenbereichen sortiert, präsentieren sich unzählige Exemplare in allen erdenklichen Ausführungen, zu denen der Herr des Sammelsuriums die tollsten Geschichten zu erzählen weiß.

Aus einem leidenschaftlichen Hobby entstand in über 20 Jahren diese Fülle an »unmodernen« Dingen, die in heutiger Zeit oftmals wieder ihre Liebhaber finden. Wer alte Räumlichkeiten renovieren und mit historischen Einrichtungsgegenständen ausstatten möchte, sich im Vintage-Stil einrichten will oder einfach einen Ausflug in nostalgische Zeiten sucht – hier wird man fündig. Ältere Besucher erkennen häufig die Arbeitsmittel früherer Handwerker wie Tischler, Schmied oder Zimmermann wieder. Die Ecke mit Kochutensilien aus Omas Küche lässt den Duft von ihrem Sonntagsbraten in der Nase aufsteigen und die schwere bäuerliche Arbeit kann durch Gerätschaften von anno dazumal erahnt werden. Gusseiserne Kerzenständer, gläserne Weinheber, hölzerne Spinnräder, Bilderrahmen, Küchenkredenzen, Altholztische oder Türen sowie Türschlösser lagern hier ebenso wie eine Auswahl an Steintrögen und Badewannen aus Metall. An diesem Ort gibt es alles, was das Sammlerherz begehrt.

Ein großer Stadel birgt Baumaterial, das schon etliche Jahre auf dem Buckel hat und nun wieder sehr begehrt ist. Mächtige Balken, Mauerziegel und Natursteine aller Art, Altholz, Weinpressen und urige Beleuchtungskörper lassen innenarchitektonische Fantasien aufkommen. Vielleicht können Sie sich ja auch für einen Holzofen oder Wirtschaftsherd erwärmen?

Seefeld-Kadolz bietet viele Freizeitmöglichkeiten, von Reitkursen über Spaß im Freibad oder beim Minigolf bis zu weitläufigen Rad- und Wanderwegen.

55

Radlerrast
Mailberg 138
A-2024 Mailberg
+43 (0)676 9496976
www.thoms-gruber.jimdo.com

Genusswirtschaft
Mailberg 252
A-2024 Mailberg
+43 (0)2943 30056
www.genuss-wirtschaft-mailberg.at

BEDÄCHTIG WIE SIMON POLT

Radlerrast

Radeln ist im Weinviertel auf fast unendlich vielen Routen möglich, von der familienfreundlichen Runde bis zur anspruchsvollen Mountainbike-Tour. Eine ungewöhnliche Variante dieser Sportart können Sie in Mailberg versuchen: Schwingen Sie sich auf den Ledersattel eines historischen Waffenrades. Diese robusten Drahtesel, teils um die 100 Jahre alt, haben trotz ihres Namens nichts mit Militär zu tun, sondern wurden vom Hersteller, der Österreichischen Waffenfabriks-Gesellschaft in Steyr, für den zivilen Gebrauch gefertigt. Heute sind es Liebhaberobjekte. Thomas Gruber sammelt die Räder, macht sie funktionstüchtig und vermietet sie gern an abenteuerlustige Gäste. Das einzigartige Fahrgefühl auf jedem der Unikate, ohne Gangschaltung, versteht sich, ist ein Aha-Erlebnis für jeden Radler. Sie können damit die vier pittoresken Kellergassen in Mailberg auf eigene Faust erkunden, oder Sie genießen eine humorvolle Führung direkt mit dem Verleiher. Seine urige Radlerrast mit Getränke-Selbstbedienung steht zudem allen vorbeikommenden Wanderern und Pedalrittern für eine Stärkung zur Verfügung. Weil es hier gar so schön ist, führen gleich drei Radwege daran vorbei. Einer davon bringt Sie zu den Schauplätzen der berühmten Simon-Polt-Krimis von Alfred Komarek.

Mailberg selbst ist eine gründliche Besichtigung wert. Der historisch bedeutsame Ort wird vom Schloss gekrönt, welches die weltweit älteste im Ordensbesitz befindliche Kommende des Souveränen Malteser Ritterordens ist und heute als Hotel und Veranstaltungsstätte geführt wird. Die Kunigundenkirche auf dem hochgelegenen Friedhof bietet eine herrliche Sicht auf die Marktgemeinde, beim Weindomizil Hagn genießen Sie hervorragende Küche und auf der Terrasse einen fantastischen Panoramablick.

Vorzüglich essen, trinken und schlafen können Sie in der Genusswirtschaft, wo Haubenkoch Christoph Schüller in einer ehemaligen Greißlerei seiner offenen Schauküche Famoses entlockt.

56

Brauküche 35
Schalladorf 35
A-2022 Schalladorf
+43 (0)680 2122242
www.braukueche35.at

Weitere Informationen:
Marktgemeinde Wullersdorf
Bahnstraße 255
A-2041 Wullersdorf
+43 (0)2951 8433
www.wullersdorf.at

MALZ UND HOPFEN, EDLE TROPFEN

Brauerei *Brauküche 35*

Bierbrauen im Weinviertel – das klingt doch sexy. Mit der *Brauküche 35* hat sich ein junges Paar, beide ausgebildet in Biotechnologie, schaumige Träume verwirklicht. In ihrem wunderbar renovierten Bauernhaus ist eine kleine Brauerei entstanden, in der klassisches »Craft Beer« – also Handwerksbier im ureigentlichen Sinne – hergestellt und verkauft wird. Geöffnet ist Samstag von zehn bis zwölf Uhr und gegen Voranmeldung.

Neben einem Standardsortiment reifen hier Spezialitäten sowie saisonal wechselnde Sorten. Interessierte Feinspitze können bei einer Führung mit dem Braumeister den Betrieb besichtigen und natürlich anschließend Verkostungen genießen. Besonders informativ ist der Ein-Tages-Kurs, wo an der Herstellung von Gerstensaft gemeinsam mit den Hausherren mitgewirkt wird. Die Teilnehmer erhalten nicht nur technische Einblicke von der Malzschrotung bis zum Gärprozess im Tank, sondern tauchen auch in die Geschichte dieses Getränks ein oder unternehmen einen Abstecher in das weite Feld der Biersensorik. Der Besucher ist live bei allen Produktionsschritten dabei, erfährt viele Praxistipps und kann selbst Hand an Maschinen und Kessel legen. Nach sechs Wochen darf das eigene Sechser-Tragerl mit stolzgeschwellter Brust abgeholt und nach Hause gebracht werden. Damit der Genuss von flüssigem Hopfen und Malz noch beschwingter wird, haben die beiden Produzenten ihre Lieblingsmusik den einzelnen Sorten zugeordnet und eine Playlist auf jedem Etikett verlinkt. Eine Kombination für den Geschmacks- und Gehörsinn, die unbedingt ausprobiert werden will.

Wer die Umgebung näher kennenlernen möchte, ist in der Wanderarena Wullersdorf bestens aufgehoben. Spannendes Hintergrundwissen rund um die Region gibt's inmitten der lieblichen Landschaft an Informationstafeln und digital.

Im Gemeindeamt und bei vielen gastronomischen Betrieben liegen Wanderkarten und Tourenbücher aus, die zu Entdeckungsreisen herzlich einladen.

57

Biohof zum Grünen Baum
Porrau 49
A-2013 Porrau bei Göllersdorf
+43 (0)676 6010518
www.biohofzumgruenen-baum.at

Pfarrkirche Göllersdorf
Kirchenplatz 32
A-2013 Göllersdorf

FREUDE UND GENUSS ERNTEN

Biohof zum Grünen Baum in Porrau

Ein kleines, fruchtbares Paradies am Ortsrand von Porrau lässt die herrlichsten Lebensmittel gedeihen. Die Vielfalt an Erzeugnissen wird liebevoll von einem überwiegend aus Frauen bestehenden Team kultiviert, geerntet und zum Verkauf angeboten.

Der Biohof zum Grünen Baum ist der Lebensinhalt von Marion Aigner-Filz, deren Eltern hier einst ein Gasthaus führten. Zusammen mit ihren Mitstreiterinnen bewirtschaftet sie das Gut und erhält häufig Unterstützung von Praktikanten und Studenten aus der ganzen Welt. Die biologisch zertifizierte Landwirtschaft bereitet den kraftvollen Nährboden für heimisches Gemüse und Obst, aber auch viele Sonderkulturen gedeihen hier. Der Ab-Hof-Verkauf in zwei gut sortierten Verkaufsräumen zeigt die saisonale Vielfalt in den schönsten Farben. Da liegen wohlbekannte Feldfrüchte in all ihrer Pracht, daneben machen seltener angebaute Produkte wie Artischocke, Erdmandel oder Haferwurz neugierig, und Milcherzeugnisse, Teigwaren sowie Brote und süßes Gebäck ergänzen das Sortiment. Jeden Freitag hat der Hofladen geöffnet und lässt den Einkauf zum Erlebnis werden. Die Kunden können einen Blick hinter die Kulissen werfen und manche mit der Feldarbeit zusammenhängende Tätigkeiten miterleben. Das meiste wird hier von Hand erledigt, nur ein kleiner Traktor hilft der stets fleißigen Truppe.

Einmal im Monat wird die Devise »vom Acker bis zum Teller« ausgerufen. An jedem ersten Freitag werden geerntete Köstlichkeiten frisch verkocht und gegen Voranmeldung können Sie sich zu Mittag von der geschmacklichen Qualität direkt am Biohof überzeugen. In Selbstbedienung gustieren Sie am kleinen, feinen Buffet und nehmen dann am Tisch im Haus oder im reizend gestalteten Garten für die Mahlzeit Platz. Der hier propagierte lebendige Acker macht seinem Namen alle Ehre.

Im nahen Göllersdorf können Sie die spätbarocke Pfarrkirche besichtigen, die 1740 Johann Lukas von Hildebrandt im Auftrag von Friedrich Karl Reichsgraf von Schönborn-Buchheim neu konzipierte.

58

Mozarts Pinkelstein
Alte Poststraße, rund 100 Meter nach Buschenschank Satzinger auf der linken Seite
A-2020 Raschala
www.pinkelstein.at

Weitere Informationen:
Stadtgemeinde Hollabrunn
Hauptplatz 1
A-2020 Hollabrunn
+43 (0)2952 2102
www.hollabrunn.gv.at

Buschenschank Satzinger
Alte Poststraße 19
A-2020 Raschala
+43 (0)2952 5480
www.buschenschank-satzinger.jimdo.com

Als Wolferl einmal musste

Mozarts Pinkelstein

Wer mit Kindern im Auto reist, kennt die Ankündigung eines dringenden Bedürfnisses, meist an Stellen, wo ein kurzfristiges Anhalten kaum möglich ist. Warum sollte es einem berühmten Komponisten mit einem angeblich stets spitzbübischen Gemüt vor etwa 250 Jahren nicht genauso ergangen sein? Dieser könnte auf der Kutschenfahrt von Wien nach Prag just in der Alten Poststraße in Raschala in quengelndem Ton einen sofortigen Halt verlangt haben, weil er eben unverzüglich austreten musste. Die Kutsche hielt, Wolfgang Amadeus Mozart sprang hinaus und …

Gesichert ist jedenfalls, dass zur Faschingszeit im Jahr 1975 in einem Weinkeller von Raschala – der Ortsname wird übrigens auf der letzten Silbe betont ausgesprochen – die Idee zu Mozarts Pinkelstein entstand. Schließlich wurde aus dem Waldviertel ein seiner Bedeutung angemessener Stein geholt und unter großer Anteilnahme der Bevölkerung und unter Mithilfe von Vertretern der Politik feierlich gesetzt. Seither erfreut er sich steigender Beliebtheit und einer recht beachtlichen Medienpräsenz. Durch eine kleine Wanderung kann das Besichtigungsvergnügen dieses Hotspots etwas ausgedehnt werden.

Ausgangspunkt für einen etwa zweistündigen Rundgang ist das Hubertusdenkmal in Hollabrunn, mit Parkmöglichkeit bei der Kreuzung von Waldweg und Hubertusweg. Ein beschilderter Wanderpfad führt zur Koliskowarte, die ganzjährig begehbar ist und eine schöne Rundumsicht bietet. In einem Mischwaldgebiet, durch die sogenannten Luken, verläuft die Tour weiter nach Raschala zum Pinkelstein. Nach einer ehrfürchtigen Schweigeminute durchquert man anschließend den hübschen kleinen Ort Richtung Hollabrunn. Bei der Ortstafel Raschala wieder rechts in den Wald einbiegen, dem Ausgangspunkt entgegen.

Der Radweg *Rivaner*, beginnend in Hollabrunn, führt auf einer Runde von 57 Kilometern durch das schöne Hügelland auch nach Raschala.

59

Kellerkatzenweg
Startpunkt: Weinviertel
Sport- und Seminarhotel
Dechant Pfeiferstraße 3
A-2020 Hollabrunn
+43 (0)2952 3335390
www.kellerkatzenweg.at

Regionen-Shop und Bistro
Sparkassegasse 1
A-2020 Hollabrunn
+43 (0)2952 3335380

DIE SPUR DES SCHWARZEN KATERS

Kellerkatzenweg

Was hat eine Katze im Weinviertel mit Wein zu tun? Ganz einfach: Viele der hübschen, weiß getünchten Presshäuser besitzen ein Oberstübchen, einen kleinen Dachboden, auf dem früher Getreide gelagert wurde. Wo es Körner gibt, tummeln sich Mäuse. Und wo Mäuse huschen, lauern Katzen. Die schnurrenden Samtpfoten waren bei den Winzern deshalb gern gesehen und sind nun Symbolbild des Kellerkatzenwegs in Hollabrunn.

Der Themenweg zur Erlebniswelt Kellergasse macht an 24 Stationen Halt, die jeweils mit dem Abbild der Kellerkatze gekennzeichnet sind. Der Rundgang führt durch die reizvolle Umgebung in gut vier Kilometern an Presshäusern und Weingärten vorbei. Beim Ausgangspunkt können an der Rezeption des Seminarhotels Hollabrunn in einem kleinen Shop Informationen und eine Chipkarte gegen Kaution bezogen werden. Auf dem abwechslungsreichen Pfad befinden sich drei Erlebnisstationen im Inneren von Weinkellern, zu denen der Zutritt mit dieser Karte erfolgt. Für die jungen Besucher gibt es mehrere Spielbereiche und kindgerechte Entdeckungsangebote. Sofern am Beginn des Kellerkatzenwegs bei der Rezeption ein Picknickkorb bestellt wurde, wartet dieser gegen Ende des Rundganges in einem der Weinkeller auf die Gäste. Er ist mit typischen regionalen Spezialitäten befüllt, die eine herzhafte Weinhauerjause ergeben.

Der Ausdruck Kellerkatze hat darüber hinaus noch eine andere Bedeutung. Im Zuge der früheren Weinproduktion haftete an den Kellerwänden schwarzer Schimmel, welcher wegen seines samtigen, fellartigen Aussehens als »Kellerkatze« bezeichnet wurde. Dieser war ein willkommenes Zeichen dafür, dass Luftfeuchtigkeit und Raumklima in den optimalen Bereichen lagen, und galt als Qualitätsmerkmal für die Lagerung und Reifung der Weine.

Im Regionen-Shop mit Bistro kann man weinviertlerisch einkaufen oder gleich vor Ort genießen. Kompetente Beratung für weitere Ausflugstipps gibt's in der integrierten Tourismusinformation.

60

Steinerne Bibel an der Kirche Maria Geburt
Schöngrabern 174
A-2020 Schöngrabern

Weitere Informationen:
Gemeindeamt der Marktgemeinde Grabern
Schöngrabern 172
A-2020 Schöngrabern
+43 (0)2952 2132
www.gemeinde-grabern.at

Gut gegen Böse

Steinerne Bibel an der Kirche Maria Geburt

Von weit her kommen Interessierte und Experten, um bei der Kirche von Schöngrabern die berühmte Steinerne Bibel in Augenschein zu nehmen. An der Außenseite der Apsis sind reliefartig Szenen aus der Heiligen Schrift in Sandstein gehauen, die Gegenstand vieler Deutungsversuche geworden sind.

Die Darstellungen an dieser Kirche unterscheiden sich manchmal von den bekannten biblischen Geschichten, auf die sie Bezug nehmen. So greift etwa beim Sündenfall hier die Figur Adam selbst zur Frucht im Baum und wird nicht wie in der Genesis beschrieben durch Eva zum Genuss des Apfels verführt. Allen gezeigten Motiven ist der Kampf zwischen Gut und Böse als übergeordnetes Thema gemeinsam, sodass dem Betrachter die eigenen Entscheidungsmöglichkeiten für sein Leben vor Augen geführt werden. Kain und Abel spenden dem auf der Kirchenwand thronenden Gott Gaben und das Böse wird in Form von Tieren dargestellt, in deren Mäulern teilweise um Freiheit ringende Menschen stecken. Schreckensverzerrte Gesichter von jenen, die in die Fänge des Bösen geraten sind, finden sich in Nachbarschaft mit den Glücklichen, die sich an das Gute klammern. Forschungen haben ergeben, dass 18 verschiedene Bildhauer an der Entstehung der Figuren gearbeitet haben, die jeweiligen Steinmetzzeichen sind an der Außenwand der Kirche erhalten. Diese einmalige bildhafte Predigt findet in ganz Europa kein vergleichbares Gegenstück.

Über die Kirche selbst liegen weder Entstehungsurkunde noch andere Aufzeichnungen vor, welche Auskunft über Bauherrn, den Beweggrund zum Bau und die beauftragten Künstler geben können. Das Gebäude aus der ersten Hälfte des 13. Jahrhunderts wurde innen wieder in seinen romanischen Ursprungszustand zurückversetzt und wirkt in seiner Gesamtheit äußerst kraftvoll.

Das Lapidarium unter dem nebengelegenen Pfarrhof bewahrt Skulpturen und Steinfragmente in der von 1473 gestifteten Kapelle auf. Eine Besichtigung ist am Wochenende und an Feiertagen möglich.

61

Wein & Genuss
Elisabeth Hausgnost
Sportplatzgasse 286
A-2042 Guntersdorf
+43 (0)676 5237008
www.hausgnost-weingenuss.at

Theater Westliches Weinviertel
Bahnstraße 201
A-2042 Guntersdorf
+43 (0)2951 2909
www.tww.at

WEIN SOLL FREUDE MACHEN

Vinothek *Wein & Genuss Elisabeth Hausgnost*

Das Weinviertel ist das größte Anbaugebiet für Reben in Österreich. Als Hauptsorte reift der Grüne Veltliner bei idealen Bedingungen und gewinnt nicht nur im Inland, sondern auch in vielen Exportländern eine rasant steigende Liebhaberschar. Einen festen Platz hat der Grüne Veltliner, der »Hauswein« der Weinviertler, auch in der Vinothek von Elisabeth Hausgnost in Guntersdorf. Leidenschaftlich werden hier Weine präsentiert und fachliche Hintergrundinformationen rund um das Thema Wein vermittelt – eine Freude für Gaumen und Köpfchen.

Die begeisterte Weinexpertin hat das Familienwohnhaus zu einem lukullischen Ort mit einem Präsentationsraum ausgestattet und bietet rund um ihr Lieblingsthema Seminare, Themenabende und Verkostungen in verschiedensten Varianten an. Wichtig ist ihr, die jeweilige Arbeitsweise der Winzer kennen zu lernen und die Produkte nur nach persönlichem Geschmackstest ins Sortiment aufzunehmen. Ihre Vinothek zeigt die Vielfalt der Traubenerzeugnisse und die verschiedenen Nuancen der einzelnen Sorten. Zusätzlich sind in dieser breiten Palette aus der Region Gin und Fruchtsäfte in den Regalen zu finden.

Hier wird auch der bekannte Fachbegriff erklärt: Weinviertel DAC – wofür steht das? Die drei Buchstaben sind eine Abkürzung für lateinisch »Districtus Austriae Controllatus« und bezeugen damit eine kontrollierte Herkunft aus Österreich. Ein Wein mit diesem Prädikat muss aus der Sorte Grüner Veltliner gekeltert sein, darf eine maximale Zuckermenge nicht überschreiten und nur innerhalb eines definierten Prozentsatzes beim Alkoholgehalt liegen. Weiter wird dieses Aushängeschild des Weinviertels nur in 0,75-Liter-Flaschen abgefüllt und ist durch ein regionales Qualitätssystem zertifiziert.

Im gleichen Ort findet sich in einem ehemaligen Weinviertler Streckhof Niederösterreichs kleinstes Theater, in dem ganzjährig viele bunte Produktionen mit Laien und Berufsschauspielern geboten werden.

62

Keltentrinkbrunnen
bei der Keltensiedlung am Sandberg
A-2051 Platt
www.schmidatal.at

Steinzeitkeller-Museum
Kellergasse Leithen-Friedhofssteig
A-2051 Platt
+43 (0)676 5426568
www.steinzeitkeller.at

EINE KÜHLE ERFRISCHUNG

Keltentrinkbrunnen

So sanft und lieblich sich das Weinviertler Wellenland ausbreitet, so fordert es durch die häufigen Anstiege und Abfahrten die Kondition der Waden, wenn es mit dem Drahtesel erobert wird. Das gut ausgebaute Wegenetz bietet von halbtägigen Genusstouren bis zu sportlichen Mehrtagesetappen einfach alles, was das Radlerherz begehrt – und manchmal eine überraschende Erfrischungsmöglichkeit wie den Keltentrinkbrunnen beim Ort Platt.

Ein Rundweg mit dem klingenden Namen *Weintour mit Einsichten – Weinviertel DAC* führt Radfahrer zu dieser Labestelle. Die wohlverdiente Belohnung für die Bewältigung des 339 Meter hohen Sandbergs können Sie aus dem kühlen Brunnenschacht mittels einer Kurbel nach oben befördern. Eine erquickende Palette mit verschiedenen Getränken kommt sodann zu Tage, die gegen den ehrlichen Münzeinwurf in die Kassa auch mit gutem Gewissen genossen werden darf. Nach dieser Stärkung wollen Sie vielleicht den hölzernen Aussichtsturm erklimmen und einen freien Blick über Pulkautal und Schmidatal genießen. Dieser schöne Platz rund um den Brunnen hat schon in früheren Zeiten Gefallen gefunden, denn wir befinden uns hier bei einer der bedeutendsten archäologischen Ausgrabungsstätten Österreichs. Geomagnetische Untersuchungen bezeugen eine stadtähnliche keltische Siedlung mit 449 Grubenhäusern und größeren Gebäuden. Ein beschilderter Themenweg informiert etwa über die früheste Münzstätte nördlich der Donau oder den aktuellen Forschungsstand.

Die Weinviertel-DAC-Radtour beginnt am historischen Hauptplatz in Retz und führt in einem abwechslungsreichen Rundkurs von 55 Kilometern wieder dorthin zurück. Sie bewältigen bei dieser mittelschweren Route 468 Höhenmeter und haben viele Möglichkeiten zur Rast oder zur Besichtigung.

In Platt können Sie noch weiter in die Geschichte eintauchen, das Archäologie-Museum in der Kellergasse besticht mit Fundstücken aus der Lengyelkultur oder der Kupfer- und Bronzezeit.

63

Weingut Prechtl
Zellerndorf 12
A-2051 Zellerndorf
+43 (0)2945 2297
www.prechtl.at

Weitere Informationen:
Gemeindeamt Zellerndorf
Zellerndorf 288
A-2051 Zellerndorf
+43 (0)2945 2214
www.zellerndorf.at

LIEBE ZUM DETAIL

Weingut Prechtl

Edle Weine, ein vielfältiges Angebot an kulinarischen Highlights und ein herausragendes Ambiente zeichnen das Weingut Prechtl aus. Der Winzerhof besteht seit dem Jahr 1839 und erhielt aufgrund seiner vor einigen Jahren fachgerechten und einfühlsamen Renovierung die Auszeichnung *Goldene Kelle* des Landes Niederösterreich. Der für diese Region typische Hakenhof wurde mit Naturmaterialien wie Lehm und Kalk stilvoll restauriert und weist nach wie vor originale Baumerkmale auf. So blieb die Größe der Glasscheiben in den Holzfenstern erhalten, die mit historischen Maßen von »einer Schuhgröße« festgelegt waren, oder im herrlichen Innenhof wurde das alte Gatter, welches einst die Hühner in die Schranken wies, wieder instand gesetzt.

Die Räumlichkeiten dieses historischen Bauwerks können Besucher durchschlendern und erkunden. Ein Sommerladen hat samstags von April bis Weihnachten geöffnet. Hier können Sie nicht nur das Weinsortiment verkosten, sondern auch die Kellerei besichtigen. Außerdem werden hausgemachte Mehlspeisen wie die Zehn-Eier-Schokotorte und andere süße Versuchungen sowie Kaffee in den entzückend dekorierten Räumlichkeiten angeboten. Oder Sie genießen pikante Schmankerl wie regionale Delikatess-Teller. Alle ausgestellten Accessoires im Shabby-Chic-Style von Haus und Garten können erworben werden.

Bei den Weinen erfolgte von Vater und Sohn Prechtl eine Spezialisierung vor allem auf die Rebsorte Grüner Veltliner. Sie bauen auf die erfolgreiche Arbeitsweise der Großeltern auf, dabei wurden sogenannte Klone besonderer Sorten selektioniert und mit viel Handarbeit und nachhaltiger Bewirtschaftung zur Vollendung weitergezüchtet. Die Düngung erfolgt mit Stiermist und auf Herbizide wird gänzlich verzichtet.

Die Kellergasse in Zellerndorf mit dem extravaganten Namen »Maulavern« ist eine der ältesten und fotogensten im ganzen Weinviertel – ein Spaziergang hier macht pure Freude.

64

Spaziergang vom Hauptplatz bis zum Kalvarienberg
Startpunkt: Dreifaltigkeitssäule am Hauptplatz
A-2070 Retz

Weitere Informationen:
Tourismusinformation und Kellermuseum Retz
Hauptplatz 30
A-2070 Retz
+43 (0)2942 2700
www.retz.gv.at

Windmühlenheuriger
Kalvarienberg 1
A-2070 Retz
+43 (0)664 73866875
www.windmuehle.at

Über und unter der Erd'

Spaziergang vom Hauptplatz bis zum Kalvarienberg

Welche der vielen Sehenswürdigkeiten von Retz hervorgehoben werden sollte, ist nicht einfach zu bestimmen. Abwechslungsreiche Tage lassen sich in dieser schmucken Stadt verbringen. Wir beginnen unsere Besichtigung bei der Dreifaltigkeitssäule am Hauptplatz, der durch seine Größe und seine außergewöhnlichen Bauwerke einzigartig ist. Besonders die im venezianischen Renaissancestil gehaltene rosa-weiße Fassade des Verderberhauses mit einer großen Durchfahrt und den verschiedenartigen Zinnen am Dach ist sehr augenfällig. Benannt ist es nach Kaufleuten namens Verderber aus dem frühen 19. Jahrhundert und bestand ursprünglich aus drei getrennten Bürgerhäusern. Gegenüber beeindruckt ein mit italienischer Sgraffitotechnik bemaltes Gebäude. Auf der restaurierten Außenwand reihen sich Darstellungen aus dem Alten Testament und der griechischen Mythologie dicht aneinander. Freistehend am oberen Teil des Platzes thront das Rathaus, dessen Turm mit Aussichtsplattform für einen schönen Blick über die Stadt erklommen werden kann.

Hier oben deutet nichts darauf hin, dass unter dem Stadtkern ein unterirdisches Labyrinth wartet, welches als größter Weinkeller Österreichs gilt. Das gesamte Kellersystem durchzieht in über 20 Kilometern das Stadtzentrum und ist teils dreigeschossig in bloßen Meeressand gegraben. Besichtigen darf man den Retzer Erlebniskeller nur im Rahmen einer Führung, in der auch Wissenswertes über den Hauptplatz vermittelt wird. Am nahen Kalvarienberg lädt schließlich eine Windmühle aus dem Jahr 1853 zur Bewunderung ein, die wie in historischer Zeit noch voll betriebsfähig ist. Im Windmühlenheurigen kann man bei herrlicher Fernsicht ins Retzer Land mit einem guten Gläschen einen ereignisreichen Tag ausklingen lassen.

Weinbergschnecke heißt hier ein Bummelzug, mit dem Sie gemächlich die Stadt und ihre reizvolle Umgebung erkunden können.

65

hauser's hölzelmühle
Hölzeln 1
A-2070 Retz
+43 (0)664 7637473
www.hauser-s.at

SOMMERFRISCHE WIE FRÜHER

Jausenstation *hauser's hölzelmühle*

Bereits zu Anfang des 17. Jahrhunderts wurde die Hölzelmühle errichtet und blickt auf eine wechselvolle Vergangenheit zurück. Die heutigen Besitzer verliebten sich vor einigen Jahren spontan in diese Liegenschaft, erkannten ihr Potenzial und erwarben das schon beinahe von der Natur wieder zurückeroberte Gelände samt Gebäude. Behutsam umgebaut und an die heutigen Standards angepasst entstand *hauser's hölzelmühle,* ein Ort der Begegnung, des künstlerischen Ausdrucks und des Genusses.

Doris und Manfred Hauser, diese beiden bodenständigen Visionäre, spezialisierten sich auf Erzeugnisse aus Früchten. Verschiedenes Obst wird zu Nektar und Säften, moussierendem Obstwein und zu Hochprozentigem veredelt. Bei Gin-Verkostungen erklärt der Hausherr gerne die sorgsame Destillation, die mit geringem Einsatz von Maschinen erfolgt, sowie das für die spezielle Geschmacksnote angewendete Filtrationsverfahren. Der Ab-Hof-Laden mit eigenem Sortiment, regionalen Produkten und einigen Schmankerln ausgewählter Lieferanten erweitert sich beständig. Dafür wurden das historische Presshaus und die ehemalige Waschküche zu »kuchl & gschäft« umfunktioniert. Ein alter Backofen ist wieder instand gesetzt und die Mehlspeise des Tages will mit Kaffee als süße Jause vernascht werden, aber auch pikante Imbisse werden angeboten.

Ein besonders wertvoller Schatz ist die Quelle, die auf diesem Grundstück die Wasserversorgung liefert. Die sogenannte Retzer Eisenquelle, bereits im zwölften Jahrhundert urkundlich erwähnt, ist nach einem kurzen Gang in den Hügel hinein erreichbar und kann mit ihrem glasklaren Wasser bei einer Führung durch die Hausherren besichtigt werden. Beinahe 70 Jahre lang wurde hier Sodawasser und Kracherl, ein süßes Sprudelwasser, erzeugt und abgefüllt. Wie schön, dass in diesem Sinne hier weitergearbeitet wird.

Wer die Vorfreude verlängern will, kann dieses idyllische Plätzchen von der Stadt Retz aus auf einer kleinen Wanderung oder – je nach Perspektive – einem längeren Spaziergang erreichen.

66

Aussichtssteg beim Heiligen Stein
Auf der Kaffeegasse Mitterretzbach verlassen und rechts in den Wald einbiegen.
Mitterretzbach 305/1
A-2070 Mitterretzbach

Weitere Informationen:
Gemeindeamt Retzbach
Dorfstraße 2
A-2074 Unterretzbach
+43 (0)2942 2513
www.retzbach.at

DIE KRAFT DER ERDE SPÜREN

Aussichtssteg beim Heiligen Stein

Hoch oben in den Weinbergen von Mitterretzbach geht es mystisch zu – zumindest ein bisschen. Ein Kultplatz aus Urzeiten und die Überreste einer ehemaligen Wallfahrtskirche liegen hier, umfasst von einer preisgekrönten, ovalen Aussichtsplattform. Ihr Steg bildet eine optische Einfassung der historischen Stätte, bietet wunderbare Ausblicke ins weite Land und vermittelt außerdem Wissenswertes mittels Hinweistafeln am Geländer. So erfährt man, dass in rund 200 Metern Entfernung ein altes Zollhaus zu erspähen ist, bei dem die ehemalige Stacheldrahtgrenze zur damaligen Tschechoslowakei am 22.12.1989 entfernt wurde.

Einer der schönsten sogenannten Schalensteine Österreichs zieht hier viele Besucher an. Auch als Heiliger Stein bekannt weist er zwölf schalenförmige Vertiefungen auf, die als von Menschenhand ausgerieben gelten. Daneben ragen zwölf Steinkugeln aus der Erde, welche offenbar nicht zufällig hier liegen, sondern scheinbar planvoll angeordnet wurden. Auf der gesamten Bergkuppe finden sich teils überwachsene Granitrestlinge, die zu einer großen Kultanlage gehört haben könnten. Zusätzlich hat an diesem energetischen Fleckchen Erde eine alte Heilquelle der Legende nach schon viele Menschen von ihren Leiden befreit. Der Brunnen dazu befindet sich heute unterhalb einer kleinen Kapelle und ist nicht mehr zugänglich. Kulthandlungen in ferner Urzeit und Gelöbniswallfahrten bis in unsere Zeit zeugen von der immensen Bedeutung dieses Kraftplatzes für die Menschen.

Die Gemeinde Retzbach bietet auf einem Wünschelrutenweg an zehn Stationen einen Überblick über geomantische Gegebenheiten im Erdinneren und mögliche Auswirkungen dieser Kräfte auf das Verhalten von Tieren oder Pflanzen. Wünschelruten und Lehrhefte dazu können beim Gemeindeamt Retzbach innerhalb der Öffnungszeiten bezogen werden.

Viele Wanderwege führen zum Kultplatz. Unter anderem ist ein einstündiger Marsch von Retz aus durch Weingärten und mit schönen Aussichtspunkten möglich.

67

Hennerweg im National-park Thayatal
Startpunkt:
Nationalparkhaus
A-2082 Hardegg
+43 (0)2949 70050
www.np-thayatal.at

KLEIN, ABER OHO!

Hennerweg im Nationalpark Thayatal

Der kleinste Nationalpark Österreichs besticht durch die faszinierenden Flusswindungen der Thaya und eine imponierende Artenvielfalt an Pflanzen und Tieren. Zahlreiche gut markierte Wanderwege mit schönen Aussichtspunkten und Rastplätzen laden zur Entdeckung der österreichischen und tschechischen Seite des Nationalparks ein. Steilufer mit oft senkrechten Felsabstürzen, in die sich der Fluss vor Millionen von Jahren eingegraben hat, ziehen den Betrachter in den Bann.

Besonders familienfreundlich ist der sogenannte Hennerweg, ein kinderwagentauglicher Themenrundweg mit einer Gehzeit von rund 40 Minuten. Beginnend am Parkplatz vor dem Nationalparkhaus führt der abwechslungsreiche Pfad zu insgesamt sechs Stationen. Spannende Erklärungen über den Wald warten auf die wissensdurstigen Besucher, ein herrlicher Blick auf die Stadt Hardegg und die rauschende Thaya begeistern, und in einem überdimensionalen Buch erfährt man Interessantes über die Geschichte der Region. Bei einer riesigen Säge werden Naturschutzmaßnahmen erklärt und es wird auf das weitere Erlebnisangebot für große und kleine Gäste hingewiesen.

Als zentrale Besuchereinrichtung fungiert der markante und moderne Bau des Nationalparkhauses. Die Mitarbeiter an der Informationsstelle geben gerne Auskunft über die verschiedenen Möglichkeiten zur Erkundung des Naturareals und haben weitere Freizeittipps über das vielseitige Exkursionsprogramm mit speziellen Kinder- und Familienangeboten parat. Im Gebäude befinden sich ein Café-Restaurant und ein Shop, Ausstellungsräume und eine Naturforscherwerkstätte. Im Außenbereich warten das Wildkatzengehege, wo man bei der Fütterung der Tiere zuschauen kann, sowie das Abenteuerspielgelände und ein Wohnmobilstellplatz.

Das entzückende Hardegg gilt als die kleinste Stadt Österreichs. Über eine Brücke gelangen Sie nach Tschechien, wo rund drei Kilometer landeinwärts noch Teile des Eisernen Vorhanges erhalten sind.

68

Europawarte
Waitzendorf Richtung Untermixnitz verlassen, im Wald biegt links ein Weg zur Europawarte ab.
A-2073 Waitzendorf

Weitere Informationen:
Stadtgemeinde Schrattenthal
Obermarkersdorf 36
A-2073 Schrattenthal
+43 (0)2942 8204
www.schrattenthal.at

VÖLKER, VEREINIGT EUCH!

Wanderung zur Europawarte

Die Europawarte wurde anlässlich des 1.500 Geburtstages des Heiligen Benedikt von Nursia gebaut, welchen Papst Paul VI. bereits im Jahr 1964 zum Schutzpatron Europas erklärte. Der Aussichtsturm am Schafberg bei Waitzendorf stellt seit seiner Errichtung 1980 das sichtbare Zeichen der Völkergemeinschaft dar und lässt im Herzen des Kontinents weite Blicke über das Wein- und Waldviertel sowie über die Tschechische Republik genießen. 112 Stufen führen die Besucher hoch über alle Baumwipfel auf eine Plattform, über der ein sechs Meter hohes Kreuz thront.

Eine wunderbare Wanderung hierher ist ausgehend von Schrattenthal möglich, das als zweitkleinste Stadt Österreichs gilt. Etwa 320 Einwohner und 150 Häuser umfasst dieser Ort und verzaubert mit einem liebevoll gepflegten Erscheinungsbild und interessanten historischen Gebäuden. Informationsbroschüren für einen Stadtrundgang inklusive Beschreibung der wichtigsten Sehenswürdigkeiten und einem kurzen geschichtlichen Überblick liegen zur freien Entnahme vor dem Gemeindeamt und beim Kriegerdenkmal aus. Einst verlief hier die Commerzstraße, ein wichtiger Handelsweg, welcher Krems mit Znaim verband. Wir folgen für unseren Ausflug den Beschilderungen des Urbanusweges, der sowohl mit dem Rad als auch zu Fuß erkundet werden kann. Vorbei an Wiesen und Feldern, durch Wälder und Weingärten erlebt man die abwechslungsreiche Landschaft und ihre Kellergassen mit netten Rastplätzen. In der Radlerrast in Obermarkersdorf wartet in den Sommermonaten ein Kühlschrank mit Erfrischungsgetränken, gegen eine Spende darf sich jeder bedienen. Auch die wunderschön gelegene Freizeitanlage in Waitzendorf lädt zum Verweilen und Entspannen ein. Von hier aus ist der Aufstieg zur Europawarte über einen gekennzeichneten Weg möglich.

Am Rande des hübschen Städtchens Pulkau genießen Sie kulinarische Genüsse mit herrlichem Blick in die Weinberge. Ein Winzerhof mit dem klingenden Namen *Weinterrasse* verwöhnt alle Sinne.

69

Weberkeller
Pulkauer Straße, Ortsausgang Richtung Rohrendorf an der Pulkau
A-3743 Röschitz
+43 (0)660 1662796
www.roeschitz.at

Raritäten Privatmuseum
Berggasse 11
A-3743 Röschitz
+43 (0)664 8938061
www.röschitzermuseum.at

EIN PROSIT MIT PROMINENZ

Weberkeller

Lachend steht er im Halbdunkel gleich nach dem Eingang ins erdige Unterreich, mit vorgewölbtem Bauch und den Insignien eines Winzers in den Händen, dem Weinheber und einem Trinkglas. Das lebensgroße Selbstbildnis von Ludwig Weber heißt die Besucher in seinem »Panoptikum aus Löß und Lehm« auch noch posthum herzlich willkommen.

Der legendäre Winzer, 1937 verstorben, entdeckte erst im fortgeschrittenen Alter die Freude und auch sein Talent an der Reliefschnitzerei an den Wänden seines Weinkellers und widmete sich 17 Jahre lang bis zu seinem Tod fast täglich dieser Leidenschaft. Mit einem Taschenmesser schuf er als eines seiner ersten größeren Werke ein Abbild der Lourdesgrotte, es folgten Motive aus antiken Sagen und biblischen Szenen sowie unzählige Portraits von Herrschern oder Künstlern. Der Besucher geht staunend an Darstellungen der Schöpfungsgeschichte und Leonardo da Vincis *Das letzte Abendmahl* vorbei, trifft auf Monarchen und Politiker aus den Anfängen des 20. Jahrhunderts, erkennt die Konterfeis von Clara Schumann und Johannes Brahms oder von Johann Wolfgang von Goethe und Friedrich Schiller. Die hohe Kunstfertigkeit in der Ausgestaltung der Wandbilder haben die Nachfahren des begabten Autodidakten beibehalten, denn insgesamt drei Generationen verewigten hier nicht nur Personen des öffentlichen Lebens, sondern auch örtliche Winzer in ihrer typischen Kleidung, dem karierten Kalmuck-Janker.

Die Besichtigung des Kellers ist gegen Voranmeldung mit Führung möglich, dabei erfährt man Unterhaltsames über die Entstehung dieses Kleinods und über berühmte Besucher dieser Sehenswürdigkeit. Zur Einkehr empfiehlt sich gegenüber die gemütliche Heurigenschank Gruber oder der modern gestylte Gastronomiebetrieb in den Weinbergen namens *W4*.

Ein weiteres Kuriosum des Ortes ist das Raritäten Museum, eine Privatsammlung mit über 5.000 Exponaten von Handwerksutensilien, Radios, Motorrädern und vielem mehr aus alter Zeit.

70

Stadtmauer
Startpunkt: Kirchenplatz
A-3730 Eggenburg

Weitere Informationen:
Krahuletz-Museum und Touristeninformation
Krahuletzplatz 1
A-3730 Eggenburg
+43 (0)2984 34003
www.krahuletzmuseum.at

GEDENKE DER VERGÄNGLICHKEIT

Spaziergang an der Stadtmauer

Die Siedlung Eggenburg am Fuße des Manhartsberges entstand in der Babenbergerzeit und erhielt später zum Schutz die wehrhafte Stadtmauer mit dem charakteristischen Zinnenkranz. Die gut erhaltenen Türme, teils mit Fallgittern, kamen im 15. Jahrhundert hinzu und so galt Eggenburg lange Zeit als uneinnehmbar. Die Grenzbefestigung ist fast zwei Kilometer lang und kann heute auf einem Rundgang mit Erläuterungstafeln, der teilweise sogar oben auf den Mauern entlangführt, inspiziert werden. Im 16. Jahrhundert erlebte die Stadt eine Hochblüte, was sich heute noch in den Fassaden der Bauten widerspiegelt. Das vorbildlich restaurierte mittelalterliche Erscheinungsbild versetzt den Besucher direkt in frühere Zeiten, die besonders bei Führungen in der Dämmerung durch einen Nachtwächter lebendig werden: »Hört ihr Leut' und lasst euch sagen …«

Die Stadtmauer führt auch an der Stadtpfarrkirche St. Stephan vorbei, einer der größten des Landes und Wahrzeichen von Eggenburg. Neben ihr weist ein Schild mit der Aufschrift »Karner« zu einer gruseligen Sehenswürdigkeit hin. Ein unterirdisches Beinhaus aus dem 13. Jahrhundert wurde vor wenigen Jahrzehnten wiederentdeckt, restauriert und ist nun zu besichtigen. Durch eine Glasscheibe sind die Gebeine von etwa 5.000 Menschen zu sehen. Da liegen Knochen nach ihrer Größe sortiert kunstvoll aufgeschichtet, gekrönt ist die makabre Gedenkstätte mit einer Abschlussreihe an Totenschädeln.

Ein berühmter Sohn der Stadt ist Johann Krahuletz. Er war zu Lebzeiten Geologe und Pionier auf dem Gebiet der prähistorischen Archäologie und grub unermüdlich nach Fossilien. Zu seinen Ehren wurde eine ausgestorbene Art von Seekühen in Metaxytherium krahuletzi benannt. Ein Museum widmet sich dem Forscher und den Funden aus dem urzeitlichen Eggenburger Meer.

Äußerst interessant ist die moderne Ölmühle von Georg Gilli, die in eine historische Getreidemühle integriert ist und prämierte Produkte erzeugt. Führungen gerne mit Voranmeldung.

71

Naturschutzgebiet Fehhaube
Startpunkt: Kellergasse Stoitzendorf, dann Richtung Süden über die Bundesstraße durch ein kleines Wäldchen
A-3730 Stoitzendorf
www.sonn-wend-stein.at

Weitere Informationen:
Stadtgemeinde Eggenburg
Kremserstraße 3
A-3730 Eggenburg
+43 (0)2984 3501
www.eggenburg.gv.at

MÄRCHEN, MYTHEN UND SAGEN

Naturschutzgebiet Fehhaube

Ein besonders zauberhaftes Naturreich ist die sogenannte Fehhaube mit den nahe gelegenen Kogelsteinen. Das Naturschutzgebiet an der Grenze zwischen Weinviertel und Waldviertel ist mit seinen kleinen Erhebungen und den charakteristischen Gesteinsformationen weithin sichtbar. Verwitterungen haben eine aufragende Felssäule mit einem haubenartigen Abschluss und einige Ansammlungen großer, rundlicher Felsbrocken entstehen lassen, auf denen es sich herrlich klettern oder rasten lässt.

Schon vor Jahrtausenden scheinen diese geheimnisvollen Formationen Menschen inspiriert zu haben. Archäologische Funde deuten auf einen alten Kultplatz hin, und zu bestimmten Jahreszeiten dürfte es sich hier zudem um einen Beobachtungspunkt zur Bestimmung des Sonnenstandes gehandelt haben. Der Ort mit seiner archaischen Ausstrahlung beflügelt jedenfalls noch heute die Fantasie und wird besonders zu Vollmondnächten gerne aufgesucht. An einem flirrend heißen Sommertag hingegen summt und zirpt es hier emsig. Die Vielfalt an Insekten wie Wildbienen oder Grashüpfern ist groß, sie dürfen sich in diesem Gebiet mit seinem pannonischen Trockenrasen und den dafür typischen Gräsern, Flechten und Blumen eines besonderen Naturrefugiums erfreuen.

Diesem geradezu mystischen Fleckchen Erde nähert man sich am besten auf einer kleinen Wanderung. Als Ausgangspunkt eignet sich die malerische Kellergasse von Stoitzendorf. Hier befindet sich ein Lehrpfad, welcher die in Österreich häufigsten Rebsorten näher beschreibt. Er vermittelt Wissenswertes über die einzelnen Arten und Früchte der Weinstöcke sowie über die verschiedenen geschmacklichen Besonderheiten der Weine. Werden Sie bei einem Spaziergang durch diese Kellergasse zum Weinstock-Experten, bevor Sie zu den sagenhaften Kultplätzen marschieren.

Der Verein Sonn-Wend-Stein erforscht Ur-Gesteinsstätten und veröffentlicht auf seiner Website auch Beschreibungen ähnlicher Plätze in der Umgebung und einige spannende Versuchsergebnisse.

72

Schlosspark Grafenegg und Wolkenturm
Grafenegg 10
A-3485 Grafenegg

Weitere Informationen:
Kartenbüro und Informationszentrum Grafenegg
Grafenegg 10
A-3485 Grafenegg
+43 (0)2735 5500
www.grafenegg.com

ZU WOLKEN LUSTWANDELN

Schlosspark Grafenegg und Wolkenturm

Das herrliche Naturrefugium im 300 Jahre alten Landschaftspark von Schloss Grafenegg lässt seine Besucher durch einen Garten der Sinne lustwandeln. Das beeindruckende Gesamtensemble auf 32 Hektar Größe bietet botanische Raritäten und kunstvolle Pflanzenarrangements in Kombination mit zeitgenössischen Kunstwerken. Verschiedenste Bäume aus aller Welt können spazierend auf geschwungenen Wegen besucht werden. Das Areal ist ganzjährig frei zugänglich und bezaubert zu jeder Jahreszeit. Finden hier Veranstaltungen statt, darf man den Park ab drei Stunden vor Beginn nur gegen Vorweis einer gültigen Eintrittskarte betreten.

Das Herzstück der weitläufigen Anlage ist die preisgekrönte Open-Air-Bühne namens *Wolkenturm*. Sie fasziniert durch ihre fantasievolle Konstruktion aus Beton, Stahl und Glas und ist ein architektonisches und akustisches Meisterwerk, das einheimische und internationale Gäste zu Begeisterungsstürmen hinreißt. Weltklasseorchester und internationale Spitzenmusiker treten hier in der Open-Air-Saison auf die Bühne und bescheren dem Publikum in dieser beeindruckenden Kulisse unvergessliche Abende. 1.700 Sitzplätze und 400 Rasenplätze stehen den Musikliebhabern für die Sommerkonzerte und das Grafenegg-Festival zur Verfügung.

Das Schloss Grafenegg ist die bedeutendste Anlage des romantischen Historismus in Österreich. Vor 700 Jahren stand hier an den Flussufern des Kamp eine Mühle. Im Laufe der Jahrhunderte entwickelte sich daneben langsam der Prachtbau mit vielen Erweiterungen bis zum heutigen hervorragend renovierten Zustand. Sie können Prunkräume, Kapelle und Innenhof mit und ohne Führung besichtigen. Wer eine Konzertkarte hat, darf das Schloss zu ermäßigten Preisen vor Veranstaltungsbeginn besuchen.

In den modernen Konzertstätten Wolkenturm und Auditorium findet ebenso wie im historischen Schlosshof und in der Reitschule ein umfangreiches Kulturprogramm statt.

78

Heldenberg
Wimpffen-Gasse 5
A-3704 Kleinwetzdorf
+43 (0)2956 81240
www.derheldenberg.at

IM TODE VEREINT

Freizeit- und Erlebniswelt *Heldenberg*

Sehnsüchte und Träume unterscheiden sich von Mensch zu Mensch sehr. Einen ganz außergewöhnlichen Wunsch hegte ein gewisser Josef Gottfried Pargfrieder, der in der ersten Hälfte des 19. Jahrhunderts als Lieferant für die kaiserliche Armee steinreich geworden war. Seine Grabstätte sollte dereinst neben dem gefeierten Feldmarschall Radetzky am *Heldenberg* liegen, so das Ansinnen des glühenden Verehrers, und das auch noch in einem entsprechenden glorreichen Ambiente.

Der erfolgreiche Geschäftsmann Pargfrieder war nicht nur Herr des Schlosses Wetzdorf, sondern auch Freund und Geldgeber des häufig verschuldeten Feldmarschalls Josef Graf Radetzky, welcher 1766 in Böhmen geboren wurde und stolze 72 Jahre lang in den Diensten der königlich-kaiserlichen Armee stand. Der berühmte Befehlshaber willigte in diese kuriose Bitte von Pargfrieder ein oder konnte sie nicht abschlagen – je nach Betrachtungsweise – und so entstand für ihn eine kolossale Gedenkstätte nach dem Vorbild der Walhalla. Die gesamte Anlage besteht aus einem weitläufigen Park mit Säulenhalle, der sogenannten Herrscherallee und der sehnlich gewünschten Gruft direkt unter einem Obelisken. Darin ruhen nun der Feldmarschall, weiters Maximilian Freiherr von Wimpffen und Josef Gottfried Pargfrider selbst – so wie er es erträumt hatte.

Edle Pferde fügen sich in diese hoheitliche Umgebung bestens ein. Die berühmten Lipizzaner der Spanischen Hofreitschule in Wien beziehen hier jährlich ihr Sommerquartier. Der *Heldenberg* fungiert als eine der Ausbildungsstätten für Junghengste, an denen die international hoch angesehene Reitkunst trainiert wird. Im Rahmen einer Führung erleben Sie die weißen Pferde auf den Koppeln, besuchen die Stallungen und erfahren Historisches sowie Spannendes über die weltberühmten Tiere.

Insgesamt sieben Attraktionen warten am *Heldenberg*, darunter eine Ausstellung chromblitzender Oldtimer mit den klingenden Namen Porsche, Ferrari, Rolls-Royce oder ein rekonstruiertes Steinzeitdorf.

74

Pleyel Museum
Ruppersthal 137
A-3701 Ruppersthal bei Großweikersdorf
+43 (0)2955 70645
www.pleyel.at

Weitere Informationen:
Marktgemeinde Großweikersdorf
Hauptplatz 1
A-3701 Großweikersdorf
+43 (0)2955 70204
www.grossweikersdorf.gv.at

EIN LEBEN FÜR DIE MUSIK

Pleyel Museum in Ruppersthal

Eine unglaubliche Musikerkarriere nahm in dem kleinen Dörfchen Ruppersthal ihren Anfang. Ignaz Joseph Pleyel wurde hier 1757 als Sohn des Dorfschulmeisters geboren, in seinem Elternhaus befindet sich heute das weltweit einzige Museum über sein Leben und Wirken. Der Knabe genoss durch die Unterstützung eines Mäzens umfangreiche Ausbildungen und später ein Musikstudium bei Joseph Haydn. Nach Engagements als Kapellmeister in Pressburg, Straßburg und London übersiedelte er mit seiner Familie nach Paris. In der Ausstellung erfährt man weiter, dass die Kompositionen des hochtalentierten Musikers in ganz Europa gespielt wurden, und dass er auch als Geschäftsmann äußerst erfolgreich war. Er gründete in der Stadt an der Seine einen Musikverlag und 1807 eine Klaviermanufaktur. Seine Instrumente genossen internationale Anerkennung und wurden von den Vertretern der Romantik wie Chopin, Rubinstein oder Grieg hochgeschätzt. Zwei originale Pleyel-Klaviere erklingen nun in den detailreich bestückten Räumlichkeiten bei musikalischen Besichtigungen und Konzerten. Auch in Paris erinnert heute noch einiges an das Talent aus dem Weinviertel, nämlich das von ihm gegründete Konzerthaus *Salle Pleyel* und seine letzte Ruhestätte in einem Ehrengrab auf dem Pariser Prominentenfriedhof Père-Lachaise.

Anlässlich seines 200. Geburtstages wurde am baufälligen Geburtshaus unter anderem im Beisein des damaligen österreichischen Außenministers Leopold Figl und des französischen Botschafters Francois Seydoux de Clausonne eine Gedenktafel angebracht. Es wurde buchstäblich in letzter Minute von der Internationalen Ignaz Joseph Pleyel Gesellschaft vor dem Abbruch gerettet und ehrt nun würdig den berühmten Bewohner des Ortes.

Ein paar Schritte vom Elternhaus entfernt entstand das Pleyel Kulturzentrum mit rund 40 Musikaufführungen jährlich, hier können Sie auch herrlich frühstücken oder einen Imbiss einnehmen.

75

Restaurant Josefs Himmelreich
Ortsstraße 4
A-3701 Zaußenberg
+43 (0)2278 28241
www.gutehrlichessen.at

Lösstour mit dem Rad
Startpunkt: Marktplatz 44
A-3470 Kirchberg am Wagram
www.outdooractive.com

FRISCH GEKOCHT IM AUSGEDINGE

Restaurant Josefs Himmelreich

Ein rund 300 Jahre alter Ausgedingehof, der einst den Altbauern als Wohnsitz diente, wurde von einem Winzer behutsam restauriert und in ein ungewöhnliches Landgasthaus umgewandelt. Die ursprüngliche Form blieb bestmöglich erhalten und zeigt sich nun mit authentischen Materialien renoviert. Die Innenmauern behielten ihren Platz und die schönen Gewölbedecken konnten ebenfalls bewahrt werden. Aus den beiden Wohnräumen entstanden zwei Gaststuben und die Küche blieb dort, wo sie sich schon früher befunden hatte. Das Ambiente im Haus und im Gutsinnenhof ist bewusst schlicht gehalten, der puristische Zugang zu alten Traditionen ist eine unerwartete Abwechslung für Gäste.

Unverfälscht, edel und auf den Punkt gebracht sind auch die Gerichte, die hier ein junger Koch namens Josef Kellner für die Gäste zubereitet. Es gibt täglich ein Menü, das nur mit Reservierung in vier, fünf oder sechs Gängen zu bestellen ist, auf etwaige Unverträglichkeiten kann bei der Buchung hingewiesen werden. Der Leitspruch des Küchenchefs und seiner Partnerin, die für den Service zuständig ist, lautet »gut ehrlich essen«. Diese hochgesetzte Latte ist schon allein bei der Auswahl der regionalen Qualitätsprodukte spürbar, die teils dem eigenen Garten entstammen. Auf die Erhaltung des Eigengeschmackes der einzelnen Zutaten wird hier besonderen Wert gelegt.

Eine weitere Spezialität ist die Weinbegleitung, die zum Großteil vom Verpächter und Winzer Josef Fritz stammt. Er widmet sich dem Roten Veltliner, einer besonderen Rebenspezialität, die er in mehreren Sorten kultiviert. Seine Weine wachsen unter anderem in der Riede Himmelreich – wie dieser kulinarische Wunderplatz zu seinem Namen gekommen ist, erklärt sich damit von selbst.

Die Löss-Tour für Mountainbikes führt durch die wunderbare Landschaft des Wagram. Startpunkt ist in Kirchberg beim Weinzentrum *Weritas*. Auf dem Weg einen Abstecher nach Zaußenberg machen!

76

Lössiade
Absberger Kellergasse
A-3462 Absdorf
+43 (0)650 8707309
www.lössiade.at

Weitere Informationen:
Marktgemeinde Absdorf
Hauptplatz 1
A-3462 Absdorf
+43 (0)2278 2203
www.absdorf.gv.at

PILZE IN DER STILLE

Genuss- und Relaxkeller *Lössiade*

Der Genuss- und Relaxkeller *Lössiade* ist ein äußerst vielseitiger Ort, der Kulinarik, Kunst und Kultur in einem Weinkeller-Ensemble verbindet. Er befindet sich nahe eines besonderen Landschaftsteils im südlichen Weinviertel, dem Wagram. Dieser ist eine bis zu 40 Meter hohe, langgestreckte Geländekante aus eiszeitlichem Löss, die aufgrund ihrer fruchtbaren Böden namensgebend für den Weinbau der gesamten Region wurde.

In der Absberger Kellergasse rund zwei Kilometer nördlich von Absdorf warten an diesem Lieblingsplatz einige Überraschungen. Eine erfrischende Wasserentnahmestelle direkt vor der *Lössiade* ist willkommenes Labsal an heißen Tagen, zumal hier auch der Jakobsweg Weinviertel direkt vorbeiführt. In einem der Keller gedeihen ganzjährig Edelpilze der Sorten Shiitake, Kräuterseitling und Austernpilz. Der innovative Betreiber, Martin Schmit, bietet diese frisch geerntet innerhalb der Öffnungszeiten zum Verkauf an, die Gäste können sich dabei auch an einem Gläschen Wein oder einer kleinen Jause gütlich tun.

Vielseitige Kulturveranstaltungen sind hier ebenfalls zu Hause. Kabarett oder Konzerte von Klassisch bis Jazz werden im größeren sowie sehr kleinen Rahmen angeboten. Im sogenannten Relaxkeller genießen Sie den puren Musikgenuss mit traumhafter Akustik auf bequemen Ruheliegen, gerne auch mit Speis und Trank in diesem exklusiven Ambiente.

Eine Auszeit für Körper und Seele wird mit dem »Spa im Lösskeller« Wirklichkeit. In einem Entspannungsraum, ebenfalls unter der Erde, tanken Sie auf wärmenden Liegen und in kuschelige Decken eingehüllt Ruhe und Kraft, je nach Wunsch bei völliger Stille oder angenehmer Musik. Erleben Sie hier die wohltuende Wirkung einer absoluten Abgeschiedenheit mit meditativem Charakter und lassen Sie den Alltag für eine Weile hinter sich.

Als zertifizierter Wanderbegleiter bietet Martin Schmit geführte Touren an, bei denen er Spannendes aus Natur und Region erzählt und die faszinierenden Lössformationen des Wagram zeigt.

77

Pfarrkirche Stockerau
Kirchenplatz 3
A-2000 Stockerau
www.pfarrestockerau.at

Konditorei Heiner
K. u. k. Hofzuckerbäcker
Dr. Karl Renner Platz 1
A-2000 Stockerau
+43 (0)2266 64188
www.heiner.co.at

EINE DÜSTERE LEGENDE

Pfarrkirche Stockerau

Eine schaurige Begebenheit soll sich vor langer Zeit auf dem Standort der heutigen Pfarrkirche in Stockerau zugetragen haben. Ein irischer Wandermönch namens Koloman ist im Jahr 1012 von den Bewohnern des damaligen »Stoccaerouwe« zu Tode gebracht worden. An der Mauer des nebenliegenden Klosters bezeugt eine Tafel die Stelle der Hinrichtung. Als der morsche Baum, an dem der Beklagenswerte erhängt wurde, wieder neu auszutreiben begann, deuteten dies die Menschen als Wunder. Sein Grab blieb erstaunlicherweise von Hochwässern verschont, und so wurde dieser Platz ein Ort der Verehrung und die Grundlage für die Errichtung einer romanischen Kirche einige Jahrhunderte später war geschaffen. Das Wappen der Stadt greift heute noch diese Begebenheit auf und zeigt einen abgeschnittenen Stamm, aus dem ein junger Trieb herauswächst.

Einige Neubauten und Umbauten ließen das Gotteshaus schließlich im frühklassizistischen Baustil entstehen, von den Vorgängergebäuden blieb nur wenig: die Pieta in einer Seitenkapelle, eine Ölbergskulptur an der Außenwand und einige Grabsteine. An den Pfeilern der Orgelempore ist Steinmauerwerk der romanischen Ära erhalten. Der Turm, welcher mit 88 Metern nicht nur der höchste des Weinviertels, sondern von ganz Niederösterreich ist, entstand einige Jahre vor dem Hauptbau und unterscheidet sich stilmäßig auffallend stark. Der vorgelagerte Platz ist von außergewöhnlich schönen Häusern und der eindrucksvollen Kirchenstiege gesäumt und dient in den Sommermonaten als Freilichtbühne für Kulturveranstaltungen.

Eine süße Versuchung in diesem wunderbaren Ambiente ist die Konditorei Heiner, die als k. u. k. Hofzuckerbäckerei bereits seit Generationen für Genuss bei Kaffee und Desserts sorgt. Mit Blick auf den prächtigen Kirchturm wird die köstliche Jause zusätzlich geadelt.

Stockerau ist nicht nur die größte Stadt des Weinviertels, sondern hat auch Zugang zu einer der weitläufigsten Aulandschaften Mitteleuropas. Sie können die Stockerauer Au zu Fuß oder mit dem Rad erkunden.

78

Michelberg
Haselbach
A-2003 Niederhollabrunn

Weitere Informationen:
Marktgemeinde Niederhollabrunn
Amtsweg 1
A-2004 Niederhollabrunn
+43 (0)2269 2224
www.niederhollabrunn.gv.at

Goldenes Bründl
Waldstraße 125
A-2105 Oberrohrbach
+43 (0)2266 80495
www.goldenesbruendl.at

KRAFT TANKEN AM KULTPLATZ

Michelberg bei Haselbach

Ein unbändiges Gefühl der Freiheit und Erhabenheit macht sich auf der Spitze des Michelberges bei vielen Besuchern breit. Die ebenmäßig geformte, waldfreie Kuppe ermöglicht eine grandiose Rundumsicht und lässt bereits auf ihren 409 Höhenmetern das Alltagsgeschehen aus einer anderen Perspektive betrachten.

Der Michelberg ist archäologischen Erkenntnissen zufolge eine uralte Kultstätte und wurde schon vor langer Zeit als heiliger Ort oder Kraftplatz gesehen. Ausgrabungen ergaben Überreste von Kirchenbauten aus mehreren Epochen sowie Gräberfunde, und eine zweifache Wallanlage schützte einst den Gipfel. Menschen, die mittels geomantischer Messungen Kraftplätze erforschen, berichten von einer Bündelung mehrerer Energielinien auf dem Gipfel dieser Erhebung. Besonders gelungen ist die künstlerische Umsetzung der archäologischen Spuren, die auf Basis von wissenschaftlichen Ausgrabungen für die Nachwelt sichtbar gemacht wurden. Die Grundrisse der früheren Kirchen sind durch farbige Betonflächen am Boden anschaulich dargestellt. Als Kennzeichnung der Gräberfundstellen – meist handelte es sich um Kindergräber – dienen nun im Boden eingelassene Natursteine. Auf diese Weise zeigen sich eindrücklich die Originalausmaße der früheren Bauten, die ab 1250 bis ins 18. Jahrhundert datieren, und Kinder entdecken in den bunten Betonflächen einen inspirierenden Ort zum Spielen.

Einen Steinwurf von den Ausgrabungen entfernt steht die Michaelskapelle, eine Wallfahrtskirche aus dem Jahr 1867. Die Chronik erzählt, dass diese von der Haselbacher Bevölkerung errichtet wurde, weil das Dorf keinen Schaden durch vorbeiziehende preußische Soldaten genommen hatte. Da die Kapelle über keinen Stromanschluss verfügt, wird an Festtagen die Glocke händisch geläutet und der Innenraum mit Kerzen beleuchtet.

Ausgangspunkt für eine Wanderung ist der Parkplatz beim exquisiten Gasthaus *Goldenes Bründl*, am Wochenende gibt es im Wirtshaus am Michelberg die berühmten Spareribs.

79

Rastplatzl Traubengarten
am Jakobsweg Weinviertel
knapp zwei Kilometer vor
dem Michelberg, südlich
von Niederhollabrunn
A-2004 Niederhollabrunn
www.jakobsweg-
weinviertel.at

Buschenschank Gästehaus Traubengarten
Untere Hauptstraße 28
A-2004 Niederhollabrunn
+43 (0)664 1006725
www.traubengarten.at

WAS WÄRE PILGERN OHNE RAST?

Rastplatzl Traubengarten am Jakobsweg Weinviertel

Das Weinviertel scheint für das Pilgern wie geschaffen. Sanfte Anstiege mit stets neuen Weitblicken und eine beschauliche Wegstrecke bilden auf 153 Kilometern ein einmaliges Wallfahrtserlebnis. Ausgehend von Drasenhofen oder vom tschechischen Mikulov führt der Jakobsweg Weinviertel durch Rieden und Wälder, zu Wallfahrtskirchen und malerischen Ortschaften. In rund sechs Tagen erreicht man das Ziel in Krems an der Donau.

Ein wunderschöner Ort zum Pausieren am Jakobsweg ist das Rastplatzl im Weingarten Hollingstein der Familie Winkler. Bei einer Hütte laden Tische und Bänke die Wanderer ein, um auszuruhen und die Füße hochzulegen. Eine Selbstbedienungskiste mit Getränken und kleinen Snacks steht gegen Bezahlung vor Ort zur Verfügung. Auf Wunsch kann auch das hervorragende Buffet des Winzerpaars oder eine Pilgerjause im Picknickkorb hierher bestellt werden. Zwei Kilometer entfernt, gerne mit Abholtransport, bietet die hinreißend renovierte Buschenschank Traubengarten für sechs Personen in den Doppelzimmern namens Holler, Kräuter oder Flieder eine wunderbare Übernachtungsmöglichkeit an. Ein auf Ihre Bedürfnisse abgestimmtes Frühstück und die vorbereitete Wegzehrung zum Mitnehmen lässt am nächsten Morgen den weiteren Weg genüsslich fortsetzen.

Viele individuelle Pilgermöglichkeiten stehen zur Wahl. Ob alleine oder mit einer geführten Gruppe, in einzelnen Tagesmärschen oder mehrtätigen Etappen, mit sportlichem oder spirituellem Beweggrund: Alle Wanderer finden hier ihr persönliches Glück im Gehen. Wie bei jeder größeren Unternehmung in der Natur ist es ratsam, die Planung der Strecken und Reservierung der Unterkünfte im Vorhinein durchzuführen. Auch über Einkehrmöglichkeiten sollte man auf den teils längeren Naturstrecken am besten schon beim Abmarsch Bescheid wissen.

Nicht nur Pilger, sondern alle Gäste sind in der Buschenschank Traubengarten herzlich willkommen. Die vielseitigen Speisekarten »wie damals«, »wie heute«, »wie morgen« machen immer neugierig.

80

Leeberg
Leebergwiese Großmugl
Von Süden kommend nach Ortseinfahrt Großmugl links Richtung Höbersdorf abbiegen.
A-2002 Großmugl

Weitere Informationen:
Gemeindeamt der Marktgemeinde Großmugl
Marktplatz 23
A-2002 Großmugl
+43 (0)2268 6610
www.grossmugl.gv.at

80 EIN GROSSER MUGEL

Leeberg

Bestattungen können weitaus fantasievoller ausfallen als die heutzutage üblichen Formen. Vor rund 2.500 Jahren wurden mancherorts imposante Hügelgräber errichtet, von denen im Weinviertel noch einige erhalten sind. Das größte davon ist der Leeberg beim Ort Großmugl und schon dieser Name weist eindeutig auf den hiesigen Blickfang hin.

Dieser große Mugel beeindruckt durch die beachtlichen Ausmaße von 50 Metern Durchmesser und 14 Metern Höhe und ist einer der spektakulärsten in Mitteleuropa. Er ist immer noch archäologisch unerforscht und lässt daher Raum für das eigene Vorstellungsvermögen, wen und was er in seinem Innersten beherbergt. Man weiß, dass ähnliche Hügelgräber zumeist über großen Grabkammern mit einer Decke aus schweren Holzbalken errichtet wurden. Bestattungen dieser Art nahm man zu Ehren von Fürsten in der Hallstattzeit vor. Der geehrte Tote im Leeberg von Großmugl hatte wohl ein besonders fleißiges Gefolge, welches lediglich mit bloßen Händen und bescheidenen Hilfsmitteln dieses eindrucksvolle Bauwerk aus Löss und Lösslehm schuf. Das Holzkreuz auf dem Gipfel entstand erst in neuerer Zeit und erinnert an ein Gipfelkreuz.

Ein Rastplatz mit Informationsschildern lässt das Bauwerk in aller Ruhe genießen. Ein besonderes Schauspiel können Sie mit etwas Glück zu Sonnenuntergang beobachten. Versuchen Sie einen Standort zu finden, an dem die Sonne scheinbar von der Kuppe des Mugels genau seitlich an dessen Rand hinabrollt. Die Milchstraße ist hier übrigens auch nicht weit. Ein international vielbeachteter Sternenweg erklärt auf Schautafeln die Erscheinungen des Nachthimmels. Aufgrund von außerordentlich günstigen Sichtverhältnissen durch sehr geringe Lichtverschmutzung ist der Sternenhimmel über dem mystischen Leeberg besonders beeindruckend.

Ein kleiner Bruder des Mugels findet sich 13 Kilometer entfernt bei Niederhollabrunn. Um die Grabhügel zu erhalten, dürfen diese nicht betreten werden. Macht nichts, die Sicht im Weinviertel ist ohnehin weit.

81

Weinviertel-Draisine
Abfahrt rund einen Kilometer östlich von Ernstbrunn Richtung Thomasl
A-2115 Ernstbrunn
+43 (0)664 4476944
www.weinvierteldraisine.at

Alpaka-Wanderungen
A-2126 Grafensulz
+43 (0)676 6829906
www.alpakafreizeitalm.at

ALLES AUF SCHIENE

Weinviertel-Draisine

In einem kleinen Wägelchen auf Schienen durch eine wunderbare Hügellandschaft dahinrollen, angetrieben nur durch die eigene Muskelkraft – das ist vor allem für Kinder ein lustiges Erlebnis und ruft nicht selten Erstaunen hervor. Schließlich ist es ungewöhnlich, die zwölf Kilometer lange Schienenstrecke zwischen Ernstbrunn und Asparn an der Zaya in rund eineinhalb Stunden ohne die üblichen Treibstoffe wie Diesel oder Strom zu bewältigen, und zwar indem man einfach kräftig in die Pedale tritt.

Bereits 1906 wurde diese Bahnstrecke für den Regionalverkehr eröffnet und wird seit 2007 für den Tourismus genützt. Die abwechslungsreiche Route am Rande des Naturparks Leiser Berge wartet im Mittelteil mit einem gut zu bewältigenden Anstieg auf und bietet somit jeweils zu ihrem Ende hin das Vergnügen einer flotten Talfahrt. Am höchsten Punkt kann bei der Draisinenalm Grafensulz Rast gemacht werden, hier gibt es kleine Erfrischungen zu kaufen. Die Gleisanlage ist einspurig, sollte eine ambitionierte Fahrergruppe ein anderes Team überholen wollen, wäre hier die passende Gelegenheit dazu: Man wechselt kurzerhand in das vorderste der geparkten Vehikel. Gegenverkehr ist übrigens ausgeschlossen, denn die Strecke wird am Vormittag nur in die Richtung nach Osten befahren, am Nachmittag ausschließlich nach Westen. Pro Draisine können vier Personen mitkommen, zwei davon dürfen treten, die anderen machen es sich auf den hinteren Sitzen bequem. Auf Wunsch können für eine größere Gesellschaft bis zu drei Draisinen zusammengekuppelt werden. Am Zielort Asparn an der Zaya erwartet Sie das liebevoll restaurierte Bahnhofsgebäude mit Einkehrmöglichkeit, die Rückfahrt erfolgt entweder wieder kräftig strampelnd oder ganz entspannt per Naturparkbus beziehungsweise mit dem Taxi.

Ein weiteres Naturerlebnis können Sie hier mit einer geführten Alpaka-Wanderung genießen. Termine für Gruppen gibt es bei voriger Anmeldung.

82

Wildpark Ernstbrunn
Dörfles
A-2115 Ernstbrunn
+43 (0)2576 2785
www.wildpark-ernstbrunn.at

Wolfsforschungszentrum
Dörfles 48
A-2115 Ernstbrunn
+43 (0)664 60257 2640
www.wolfscience.at

NostalgieExpress
Leiser Berge
www.regiobahn.at

VON DEN WÖLFEN LERNEN

Wolfsforschungszentrum im Wildpark

Das Wolfsforschungszentrum im Wildpark Ernstbrunn gilt als weltweit einmaliges Institut, um möglichst objektive Informationen über Wolf und Hund zu sammeln und auszuwerten. Hier werden die Tiere nicht wie in Zoos gehalten, sondern es stehen fundierte Analysemethoden zu speziellen Untersuchungen im Vordergrund. Beispielsweise wird beobachtet, wie sich Hunde durch die Domestikation in den sozialen und geistigen Fähigkeiten von ihren wilden Vorfahren, den Wölfen, unterscheiden. Um einen fairen Vergleich zu ermöglichen, werden deshalb beide Arten unter gleichen Bedingungen in Rudeln aufgezogen. Die Tiere sind es vom Welpenalter an gewohnt, in kooperativen Trainingseinheiten mit dem Forschungsteam zu arbeiten und bei unterschiedlichsten Testaufgaben Einblicke in ihre geistige Welt zu gewähren. Dabei lassen sich Erkenntnisse gewinnen, wie aus Wölfen Hunde und damit die engsten tierischen Begleiter des Menschen geworden sind.

Kinder finden im weitläufigen Gelände des Wildparks ein Naturparadies vor, das zahlreiche vierbeinige Lebewesen bevölkern. Esel und Ziegen, Steinböcke und Mufflons oder die hübschen Sikahirsche lassen rücksichtsvolle Besucher oft ganz in ihre Nähe kommen. Wer beim Eingang ein kleines Futtersäckchen erwirbt, kann sich der Aufmerksamkeit vieler neugieriger Augenpaare sicher sein und wird vielleicht die eine oder andere Streichelmöglichkeit erhaschen. Naturnahe Spielplätze und der große Eichenwald locken mit Bewegungsmöglichkeiten und Abenteuer, die Aussicht auf immer neue tierische Begegnungen motiviert auch die kürzesten Beinchen für den Marsch. Eine Imbissmöglichkeit im Gasthaus Hexenküche stärkt kleine und große Wanderer. Die Teilnahme an den Besucherprogrammen des Wolfsforschungszentrums ist im Eintritt nicht enthalten und kann zusätzlich gebucht werden.

An Samstagen von Mai bis Oktober fährt ein älteres Bahnmodell namens *NostalgieExpress* von Wien oder Korneuburg nach Ernstbrunn, von hier geht es per Naturparkbus weiter zum Wildpark.

83

Aussichtswarte Oberleis
Oberleis 2
A-2116 Klement

Weitere Informationen:
Marktgemeinde Ernstbrunn
Hauptplatz 1
A-2115 Ernstbrunn
+43 (0)2576 2301
www.ernstbrunn.gv.at

EIN BERG IM WANDEL DER ZEIT

Aussichtswarte auf dem Oberleiser Berg

Ein 23 Meter hoher Aussichtsturm ragt auf dem Oberleiser Berg weithin sichtbar in den Himmel. Diese Warte ist als Holzfachwerkkonstruktion einem römischen Wachturm nachempfunden und bietet auf ihrer Plattform bei klarer Sicht Ausblicke auf die Karpaten, Rax und den Schneeberg sowie zu den Pollauer Bergen in Südmähren. Ein großes Schild verkündet »6.000 Jahre Wohnberg Oberleis« und weist damit auf eine Besiedelung dieser Stätte von der Steinzeit bis zur Neuzeit hin.

Mit 457 Metern ist diese Erhebung die zweithöchste im Weinviertel und blickt auf eine wechselvolle Geschichte zurück: vom urzeitlichen Befestigungsgraben bis zum germanischen Königssitz, von romanischen und gotischen Kirchenbauten zu Stellungen aus dem Zweiten Weltkrieg. Die archäologischen Spuren werden in einem Freilichtmuseum sichtbar gemacht. Auf einer Schautafel und durch Hinweise am Boden können die Fundorte von verschiedenen Herdstellen und Gruben, keltischen Hütten oder Resten von antiken Heizungssystemen nachverfolgt werden. Im Aussichtsturm selbst befindet sich ein detailliert bestückter Schauraum, in dem Pläne, Fotos und Funde die Ergebnisse der wissenschaftlichen Forschung veranschaulichen. Der Besuch der Ausstellung und der Aussichtsterrasse ist nur am Wochenende möglich. Die grandiose Rundumsicht zu Füßen der Warte sowie die frei zugänglichen Holzliegen auf der Wiese hingegen sind jederzeit zu genießen. Hier kann man mit hochgelegten Beinen direkt über dem Weinviertel schweben, die historische Stätte auf sich wirken lassen oder einen fantastischen Sonnenuntergang erleben.

Bevor Sie den Tag hier ausklingen lassen, besuchen Sie den Bienenlehrpfad, der bei der archäologischen Informationstafel seinen Anfang nimmt. Er führt Sie auf einen kleinen Waldspaziergang zu verschiedenen Informationsplätzen über diese erstaunlichen Insekten.

In Sichtweite befindet sich eine Alpenvereinshütte am nahe gelegenen Buschberg. Zu ihr kann man in einer einstündigen Wanderung gelangen, teils durch einen Skulpturengarten.

84

Flockerlhof
Klement 21
A-2116 Klement
+43 (0)650 2154004
www.flockerlhof.at

Schüttkasten Klement
Klement 1
A-2116 Klement
www.ernstbrunn.gv.at

TAUSEND SCHÖNE DINGE

Flockerlhof

Haben Sie schon einmal in der Deko-Abteilung eines Möbelhauses gefrühstückt? Kein besonders aufregendes Erlebnis, meinen Sie? Es geht auch ganz anders. Man nehme ein altes Bauernhaus, renoviere dieses liebevoll über ein Vierteljahrhundert lang und richte es als Laden für Schönes aller Art ein. Das ist der Flockerlhof. Nun spielt dieser zauberhafte Ort mit allen Sinnen der Gäste und strahlt vor Kreativität und Lebensfreude. Das alte Gebäude im Landhausstil ist mit einem üppigen Sammelsurium an tausend hübschen Dingen gefüllt, die das Herz erwärmen. Was gefällt, kann gleich erworben und mit nach Hause genommen werden.

Da gibt es Küchenutensilien im Vintage-Stil, entzückende Deko-Ideen für Haus und Garten, ausgesuchte Spiele und Bücher, restaurierte Altwaren, Geschenkartikel und überall Lampen, die ein wunderbar heimeliges Licht verbreiten. Egal wohin sich der Besucher wendet, immer wieder tut sich eine gemütliche Ecke oder ein Dekorationsblickfang auf, sowohl im Haus als auch im idyllischen Innengarten. Und wer weitersucht, der findet einen Raum nach Art der guten alten »Greißlerei« und einen Weinkeller. In beiden kann man nach kulinarischen Spezialitäten der Region stöbern.

Kuchen und Kaffee oder eine kalte Jause aus dem kleinen Ladenraum *Feinkost* können jederzeit an all den bezaubernden Plätzchen im Haus oder im Garten genossen werden. Spiele, Bücher oder Musikinstrumente freuen sich über spontanen Gebrauch und angeregte Gespräche ergeben sich von selbst. Die Inhaber Susanne und Gerhard sind sich der Kraft der schönen Emotionen ihres kleinen Reiches bewusst und freuen sich, Gäste daran teilhaben zu lassen. Diesen gemütlichen Ort umgibt eine besondere Atmosphäre, ganz ohne Showeffekte. Der Flockerlhof hat von Freitag bis Sonntag und an Feiertagen geöffnet.

Rund 500 Meter entfernt befindet sich ein ehemaliger Getreidespeicher, der Schüttkasten. Das große Gebäude im Stil des ländlichen Barocks ist renoviert und wird heute für Veranstaltungen genutzt.

85

MAMUZ-Urgeschichtemuseum im Schloss
Asparn an der Zaya
Schlossgasse 1
A-2151 Asparn an der Zaya
+43 (0)2572 20719
www.mamuz.at

Filmhof Weinviertel
Kirchengasse 5
A-2151 Asparn an der Zaya
+43 (0)2577 84106
www.filmhof.at

ALS HIER DIE MAMMUTS LEBTEN

MAMUZ-Urgeschichtemuseum im Schloss Asparn an der Zaya

Vor unglaublich langer Zeit haben Menschen mit einfachsten Mitteln ihr Dasein bewältigt und bereits damals mit Wissen und Kreativität ihre Lebensqualität verbessert. Der Alltag unserer Vorfahren seit der Urgeschichte, Frühgeschichte und dem Mittelalter fasziniert viele noch immer. Dem MAMUZ-Urgeschichtemuseum Asparn und seinem zweiten Standort in Mistelbach ist es gelungen, in Zusammenarbeit mit renommierten Wissenschaftlern die gar nicht so graue Vorzeit zum Leben zu erwecken.

Ob Hobbyhistoriker oder Familienrunde, alle gewinnen in der umfangreichen Sammlung des Landes Niederösterreich einen ausführlichen Einblick in rund 40.000 Jahre Siedlungsgeschichte. Unzählige Exponate, viele davon aus der Region, zeugen von Lebensweise, Handwerkskunst und Ritualen der Ureinwohner des Weinviertels. Vor allem jüngere Besucher können dank interaktiver Stationen prähistorische Zeiten spielerisch erleben. So wird etwa in einem Forscherlabor die Arbeit von Archäologen veranschaulicht. An einem Restaurationstisch kann die detektivische Kleinarbeit nachvollzogen werden, die für die Rekonstruierung eines Tongefäßes aus einem Scherbenhaufen notwendig ist, und mit Mikroskopen werden Besucher selbst zu Entdeckern. Das große archäologische Freigelände des Schlossparks zeigt im naturgetreuen Maßstab Wohnhäuser aus der Stein-, Bronze- und Eisenzeit, die auch innen besichtigt werden können. In Kursen und bei Veranstaltungen wird so fleißig getöpfert, gefilzt oder geschmiedet, dass der frühe Homo erectus vor Neid erblassen würde.

Das Schloss Asparn selbst thront seit dem 13. Jahrhundert auf den Überbleibseln einer alten Burg, wurde umfassend renoviert und barrierefrei ausgebaut. Stolz begrüßen zwei historische Sandsteinfiguren vor dem Haupttor die Menschen des 21. Jahrhunderts.

Neben dem Schloss Asparn befindet sich ein großer Abenteuerspielplatz. Am Wochenende lockt der Filmhof Weinviertel mit einem lauschigen Garten zur kulinarischen Einkehr.

86

Wehrkirche Michelstetten
Sankt-Vitus-Platz 1
A-2151 Michelstetten
+43 (0)2525 6553
(Führungen)
www.asparn.at

Naturdenkmal Galgenberg
Erreichbar in rund einem Kilometer von Michelstetten in nordöstliche Richtung
Galgenberg
A-2151 Michelstetten

Erbaut für tausend Jahre und mehr

Wehrkirche Michelstetten

Wuchtig und urtümlich wirkt die Wehrkirche in Michelstetten, von Gräbern und einer starken Steinmauer umgeben. Sie ist eines der ältesten Bauwerke im Weinviertel aus der Zeit der Spätromanik und liegt auf bronzezeitlichem Siedlungsgebiet. An diesem Ort kreuzten sich wichtige Handelsstraßen und Pilgerwege und es mag wohl triftige Gründe gegeben haben, die Kirche des Ortes möglichst uneinnehmbar zu errichten.

Die außergewöhnlich dicken Mauern sind auch heute noch unverputzt und lassen die gewaltigen grauen Quadersteine und somit die verschiedenen Bauepochen anhand des unterschiedlichen Steinmaterials gut erkennen. Ursprünglich hatte die Kirche keinen ebenerdigen Eingang, sondern man gelangte über eine Leiter in das Obergeschoß, das an der Westwand noch den mittlerweile zugemauerten Einstieg erkennen lässt. Der erst später in der Zeit der Frühgotik aufgesetzte Turm wirkt ebenfalls äußerst burgartig. Schmale Schießscharten haben eindeutig abwehrenden Charakter und das kunstvoll gemauerte, spitze Dach ließ feindlichen Brandpfeilen keine Angriffsfläche.

Bereits 1128 als Pfarre erwähnt, beeindruckt innen der mächtige Bau mit kunstvoller Ausgestaltung. Mehrere Sitznischen im Altarraum lassen darauf schließen, dass hier bedeutende Messen oder Versammlungen abgehalten wurden. Heutzutage dürfen Ministranten auf diesen besonderen Sitzgelegenheiten mit Kleeblattbogen und Knospenkapitälen Platz nehmen. Bei Renovierungsarbeiten 1956 wurden in der Apsis Fresken aus dem 13. Jahrhundert freigelegt, ebenso bewundernswert ist ein Kreuzrippengewölbe mit einem ausgeschmückten Schlussstein über dem quadratischen Altarraum. Detaillierte Beschreibungen bietet eine Broschüre, welche gegen einen kleinen Unkostenbeitrag in der linken Seitenkapelle entnommen werden kann.

Das Europaschutzgebiet Weinviertler Klippenzone beherbergt wertvolle Trockenrasen, jene am Galgenberg bei Michelstetten wurden zum Naturdenkmal erklärt. Unternehmen Sie eine kleine Wanderung dorthin!

87

Michelstettner Schule
Schulberg 1
A-2151 Michelstetten
+43 (0)664 2166161
www.michelstettnerschule.at

SEHR GUT, SETZEN!

Schlumuseum *Michelstettner Schule*

Durch die Skulptur eines überdimensionalen Buches betritt man die Eingangshalle des umfangreichsten Schulmuseums von ganz Österreich. Der Blick fällt sogleich auf eine riesige schwarze Tafel, auf der mit weißer Kreide Bruchstücke aus vergangenem und heutigem Unterrichtsstoff aufgemalt sind: Da finden sich chemische Formeln und griechische Buchstaben, mathematische Umrechnungen und eine Zeichnung ägyptischer Pyramiden. Davor lädt auf einem Bücherturm ein Sessel zum Platznehmen ein, und in Kopfhöhe der Lehne prangt das Symbol für das Pauken von Schulwissen schlechthin: ein großer Trichter.

Insgesamt sechs historische Klassenzimmer aus unterschiedlichen Jahrzehnten, das jüngste datiert von 1930, entführen die »Gastschüler« der *Michelstettner Schule* in eine heute unvorstellbare Lernumgebung: Kaum beheizbare Unterrichtsräume, Händewaschen unter Zuhilfenahme eines Wasserkruges und die ersten selbstgemalten Buchstaben auf einer Schiefertafel waren Alltag für Abc-Schützen früherer Generationen. Unter den jungen Besuchern lösen vor allem die ausgestellten, mittlerweile überholten Strafmethoden wie das Rohrstaberl oder die Eselsbank ungläubiges Kopfschütteln aus. Jedes der Klassenzimmer veranschaulicht mit den insgesamt 55.000 originalen Lehrmitteln und Dokumenten jeweils ein Unterrichtsfach. Eine audiovisuelle Installation lässt das morgendliche Begrüßungsritual zwischen Lehrer und Schülern einer mittelalterlichen Lateinklasse miterleben. Die Besucher können sich beim Durchschreiten der Räume und beim Anblick von Federkiel, Tintenfass und Abakus leicht in das vergangene Unterrichtswesen hineinversetzen. Der knarrende Holzboden, abgegriffene Tische und der Geruch alter Bücher lassen Schule von damals lebendig werden.

Die Michelstettner Matura können Sie nach Abgabe eines korrekt ausgefüllten Prüfungsbogens ablegen. Dies wäre doch eine gute Möglichkeit, eventuell vorhandene Prüfungsängste zu besiegen.

88

Buschberghütte
Vom Parkplatz Buschberg in rund zehn Gehminuten zu erreichen
Pyhra 86
A-2152 Gnadendorf
+43 (0)2525 20524
www.alpenverein.at

Nähere Informationen:
Regionalentwicklungsverein »Leiser Berge«
Hauptplatz 1
A-2115 Ernstbrunn
+43 (0)2576 20341
www.leiserberge.com

HOLLARÖDULIÖ AM HÖCHSTEN GIPFEL

Buschberghütte

Der Buschberg ist von allen Himmelsrichtungen aus ganz eindeutig erkennbar. Wegen seiner imposanten Konturen in bis zu 491 Metern Höhe? Wegen des besonderen Gipfelkreuzes? Nein, er fällt durch zwei große Kugeln auf seinem Rücken auf – mich erinnern diese immer an ein Froschaugenpaar –, welche als Radarstationen der Flugsicherung dienen. Die oberste Spitze des Berges ist wegen dieser Anlagen nicht begehbar, aber auf einer nicht viel niedrigeren Anhöhe steht das Gipfelkreuz. Hier befand sich schon im Mittelalter eine befestigte Aussichtswarte, die auch als Verteidigungsanlage genutzt wurde, denn rund um diese Kuppe sind eindeutig Aufschüttungen eines Walls erkennbar. An dieser Stelle können Sie sich mit Fug und Recht erhaben fühlen, denn Sie stehen am höchsten Punkt des Weinviertels.

Nur wenige Gehminuten vom Gipfel entfernt empfängt Gebirgsflair die Wanderer. Eine urige Alpenvereinshütte, die sich als jene mit der geringsten Seehöhe von nur 480 Metern über dem Meeresspiegel rühmen darf, lässt den Gipfelsieg trotz ihrer »Tieflage« in zünftigem Ambiente feiern. Zum Vergleich: Die höchstgelegene Alpenhütte beim Großglockner befindet sich fast 3.000 Meter darüber.

Die Buschberghütte wurde 1935 erbaut und mit rund 2.000 Festgästen feierlich eingeweiht. Seit 1967 sind Strom und Fließwasser eingeleitet und mehrfache Zubauten erweitern die Bewirtungsmöglichkeiten. Bei Schönwetter genießt man die Mahlzeit auf sonnigen Außenterrassen, bei Wind und Regen wärmt eine heiße Suppe in den gemütlichen Holzstuben. Das Schlaflager für bis zu 32 Personen macht das Bergfeeling komplett. Die Hütte liegt am Jakobsweg Weinviertel und bietet sich deshalb für eine Nächtigung geradezu an – sofern man einen eigenen Schlafsack mitbringt.

Ein ausgedehntes Wanderwegenetz lädt zum kräftigen Marschieren ein. Die Region Leiser Berge wurde außerdem zu einem beliebten Mountainbike-Paradies mit vielfältiger Routenführung erschlossen.

Kellergasse in Immendorf

DIE NEUEN Lieblings-plätze

ISBN 978-3-8392-2628-5

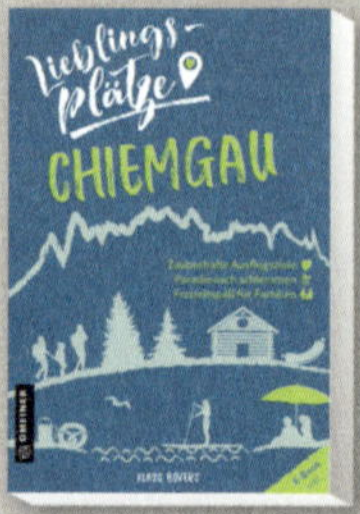

ISBN 978-3-8392-2614-8

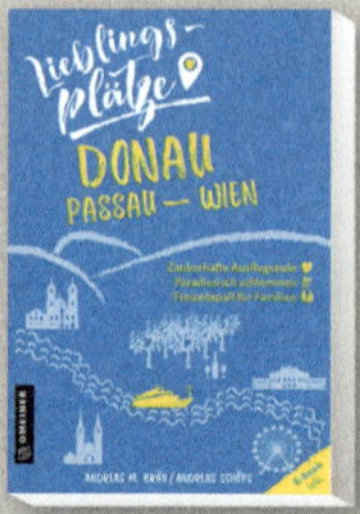

ISBN 978-3-8392-2615-5

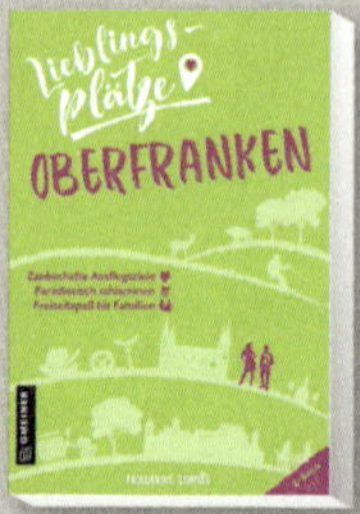

ISBN 978-3-8392-2621-6

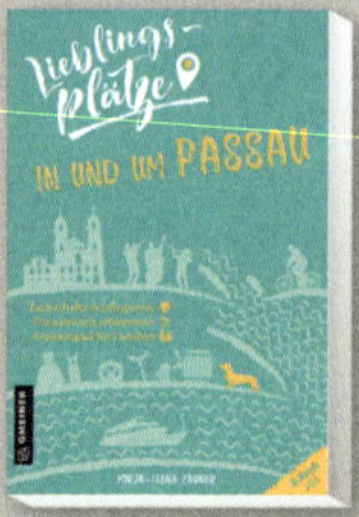

ISBN 978-3-8392-2618-6

ISBN 978-3-8392-2623-0

ISBN 978-3-8392-2630-8

ISBN 978-3-8392-2627-8

ISBN 978-3-8392-2632-2

ISBN 978-3-8392-2617-9

ISBN 978-3-8392-2619-3

ISBN 978-3-8392-2633-9

ISBN 978-3-8392-[illegible]

ISBN 978-3-8392-2405-2

ISBN 978-3-8392-2611-7

ISBN 978-3-8392-2631-5

ISBN 978-3-8392-2612-4

ISBN 978-3-8392-2629-2

ISBN 978-3-8392-2624-7

ISBN 978-3-8392-2625-4

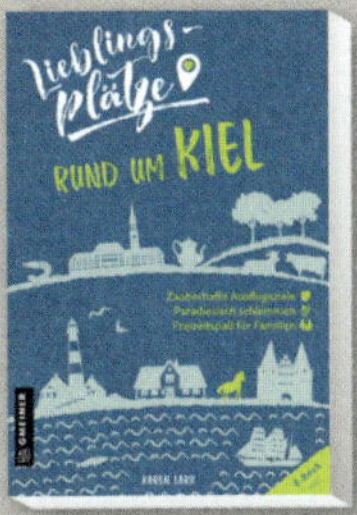

ISBN 978-3-8392-2635-3

ISBN 978-3-8392-2622-3

ISBN 978-3-8392-2634-6

ISBN 978-3-8392-2545-5

ISBN 978-3-8392-2613-1

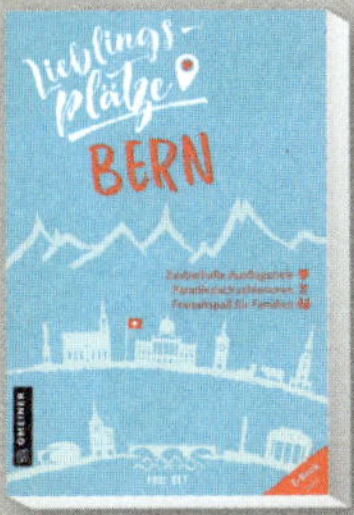

ISBN 978-3-8392-2616-2